Karen Piepenbrink
Antike und Christentum

Geschichte kompakt

Herausgegeben von
Kai Brodersen, Gabrielle Haug-Moritz, Martin Kintzinger,
Uwe Puschner

Herausgeber für den Bereich *Antike*:
Kai Brodersen
Berater für den Bereich *Antike*:
Ernst Baltrusch, Peter Funke, Charlotte Schubert, Aloys Winterling

Karen Piepenbrink

Antike
und
Christentum

Einbandgestaltung: schreiberVIS, Seeheim

Die Deutsche Bibliothek verzeichnet diese Publikation
in der Deutschen Nationalbibliografie;
detaillierte bibliografische Daten sind im Internet über
http://dnb.d-nb.de.de abrufbar.

© 2007 by WBG (Wissenschaftliche Buchgesellschaft), Darmstadt
Die Herausgabe des Werkes wurde durch
die Vereinsmitglieder der WBG ermöglicht.
Gedruckt auf säurefreiem und alterungsbeständigem Papier
Satz: Lichtsatz Michael Glaese GmbH, Hemsbach
Printed in Germany

Besuchen Sie uns im Internet: www.wbg-darmstadt.de

ISBN 978-3-534-06043-6

Inhaltsverzeichnis

Geschichte kompakt

In der Geschichte, wie auch sonst,
dürfen Ursachen nicht postuliert werden,
man muss sie suchen. (Marc Bloch)

Das Interesse an Geschichte wächst in der Gesellschaft unserer Zeit. Historische Themen in Literatur, Ausstellungen und Filmen finden breiten Zuspruch. Immer mehr junge Menschen entschließen sich zu einem Studium der Geschichte, und auch für Erfahrene bietet die Begegnung mit der Geschichte stets vielfältige, neue Anreize. Die Fülle dessen, was wir über die Vergangenheit wissen, wächst allerdings ebenfalls: Neue Entdeckungen kommen hinzu, veränderte Fragestellungen führen zu neuen Interpretationen bereits bekannter Sachverhalte. Geschichte wird heute nicht mehr nur als Ereignisfolge verstanden, Herrschaft und Politik stehen nicht mehr allein im Mittelpunkt, und die Konzentration auf eine Nationalgeschichte ist zugunsten offenerer, vergleichender Perspektiven überwunden.

Interessierte, Lehrende und Lernende fragen deshalb nach verlässlicher Information, die komplexe und komplizierte Inhalte konzentriert, übersichtlich konzipiert und gut lesbar darstellt. Die Bände der Reihe „Geschichte kompakt" bieten solche Information. Sie stellen Ereignisse und Zusammenhänge der historischen Epochen der Antike, des Mittelalters und der Neuzeit verständlich und auf dem Kenntnisstand der heutigen Forschung vor. Hauptthemen des universitären Studiums wie der schulischen Oberstufen und zentrale Themenfelder der Wissenschaft zur deutschen und europäischen Geschichte werden in Einzelbänden erschlossen. Beigefügte Erläuterungen, Register sowie Literatur- und Quellenangaben zum Weiterlesen ergänzen den Text. Die Lektüre eines Bandes erlaubt, sich mit dem behandelten Gegenstand umfassend vertraut zu machen. „Geschichte kompakt" ist daher ebenso für eine erste Begegnung mit dem Thema wie für eine Prüfungsvorbereitung geeignet, als Arbeitsgrundlage für Lehrende und Studierende ebenso wie als anregende Lektüre für historisch Interessierte.

Die Autorinnen und Autoren sind jüngere, in Forschung und Lehre erfahrene Wissenschaftlerinnen und Wissenschaftler. Jeder Band ist, trotz der allen gemeinsamen Absicht, ein abgeschlossenes, eigenständiges Werk. Die Reihe „Geschichte kompakt" soll durch ihre Einzelbände insgesamt den heutigen Wissenstand zur deutschen und europäischen Geschichte repräsentieren. Sie ist in der thematischen Akzentuierung wie in der Anzahl der Bände nicht festgelegt und wird künftig um weitere Themen der aktuellen historischen Arbeit erweitert werden.

Kai Brodersen
Gabriele Haug-Moritz
Martin Kintzinger
Uwe Puschner

Vorwort

Entstehung und frühe Entwicklung des Christentums sind unlösbar mit dem Imperium Romanum verknüpft. In den ersten drei Jahrhunderten hat das Christentum im römischen Reich noch nicht den Rang einer ‚erlaubten Religion', in der Spätantike hingegen wird es unter die vom Staat geförderten Kulte aufgenommen und bald zur einzigen staatlich tolerierten Religion erklärt. Damit wandeln sich die Bedingungen für die Kirche wie auch für die einzelnen Christen wesentlich. Inwieweit aber kommt es dadurch zu Veränderungen in der Kirche und im Verhältnis der Christen zum römischen Staat und zur römischen Gesellschaft? Dieser Frage möchte das vorliegende Buch nachgehen. Wir werden uns im ersten Teil mit den ersten drei Jahrhunderten und im zweiten mit der Spätantike beschäftigen. Die Teile sind parallel aufgebaut, um Kontinuitäten wie Brüche zwischen den beiden Zeitabschnitten deutlich herauszustreichen und zum Vergleich einzuladen.

Mein besonderer Dank gilt Herrn Prof. Dr. Kai Brodersen, dem Herausgeber der Reihe, der mir die Möglichkeit gegeben hat, diese komplexe und intensiv diskutierte Problematik in kompakter Form zu präsentieren, und das Manuskript kritisch mitgelesen hat, sowie Herrn Dr. Harald Baulig von der Wissenschaftlichen Buchgesellschaft für die lektorische Betreuung. Sehr zu danken habe ich auch den Studierenden, die sich mit mir in der Vorlesung im Sommersemester 2006 auf das Thema eingelassen haben, für ihre große Bereitschaft zu fragen, zu hinterfragen und zu diskutieren.

Mannheim, im August 2006   Karen Piepenbrink

I. Antike und Christentum – die ersten drei Jahrhunderte

1. Herausbildung des Christentums

1.1 Entstehung des Christentums

Die christliche Religion nimmt ihren Ausgang zweifelsohne mit dem Wirken, der Botschaft, Kreuzigung und Auferstehung Jesu. Allerdings kann man für seine Zeit noch nicht vom Christentum als einer eigenständigen Religion sprechen. Diese bildet sich vielmehr erst in einem längeren Prozess heraus. Jesus beabsichtigt keineswegs, eine neue Religion zu begründen. Er wendet sich mit seiner Botschaft an die Juden und möchte sie in seinem Sinne zur Neuorientierung motivieren; eine grundsätzliche Distanzierung zum Judentum ist also nicht intendiert. Dies verdeutlicht beispielsweise die Anweisung Jesu an die Apostel:

Anfänge des Christentums

> Geht nicht zu den Heiden und betretet keine Stadt der Samariter, sondern geht zu den verlorenen Schafen des Hauses Israel. (Matthäus 10,5 f.)

Q

Auch in den ersten Jahrzehnten nach der Kreuzigung und Auferstehung Jesu, der sogenannten apostolischen Zeit, die dadurch gekennzeichnet ist, dass die Apostel ausziehen, um die Botschaft zu verkündigen, differenzieren sich Christentum und Judentum nur ganz allmählich voneinander. Die Mehrzahl der Menschen, die sich in dieser Phase zu Christus bekennen, sind Juden und leben gemäß der jüdischen Tradition, das heißt, sie orientieren sich am jüdischen Gesetz. Entsprechend werden sie in der Forschung als ‚Judenchristen' bezeichnet. Die meisten von ihnen leben anfänglich in Palästina. Im Kontext des **Jüdisch-römischen Krieges** jedoch, der mit einer schweren Niederlage gegen die Römer und der Zerstörung Jerusalems endet, ziehen sich viele von ihnen offenbar nach Pella ins Ostjordanland zurück, um Konflikten mit den Juden zu entgehen.

Judenchristen

Jüdisch-römischer Krieg
Als Jüdisch-römischen Krieg (66–70 beziehungsweise 73 n. Chr.) bezeichnet man den ersten großen Aufstand der Juden gegen die römische Vorherrschaft in Judäa. Das Verhältnis war bereits seit längerem angespannt. Als die Juden sich schließlich weigern, weitere Steuern an Rom zu zahlen, droht der römische Statthalter an, das Geld aus dem Tempelschatz zu entnehmen. Treibende Kraft des anschließenden Aufstandes sind die Zeloten, die das Land von der römischen Herrschaft befreien wollen, um ein Gottesreich zu errichten. Sie schleifen den römischen Tempel des kapitolinischen Jupiter in Jerusalem. Die Römer setzen die Tributpflicht schlussendlich gewaltsam durch und nehmen den Tempelschatz mit nach Rom, wo er in einem Triumphzug vorgeführt wird.

E

Von einem solchen Zug jedenfalls berichtet Eusebius von Caesarea im 4. Jahrhundert in seiner *Kirchengeschichte* (3,5,3). Ob diese Angabe zutreffend ist, lässt sich nicht sicher entscheiden. Fest steht zumindest, dass die Judenchristen in Palästina den jüdischen Aufstand gegen die römische Herrschaft nicht unterstützen und sich in der Hinsicht von den Juden abgrenzen. Nach dem **Bar Kochba-Aufstand** müssen Juden wie Judenchristen die Stadt Jerusalem und ihre Umgebung endgültig verlassen.

E

Bar Kochba-Aufstand
Der dritte große jüdische Aufstand unter Führung des Simon bar Kochba (132–135/6 n. Chr.) bricht aus, als Kaiser Hadrian die Beschneidung allgemein verbietet und in Jerusalem an der Stelle des zerstörten Jahwetempels einen Jupitertempel errichten möchte. Die Aufständischen erobern Jerusalem, nehmen den Jahwekult wieder auf und prägen Befreiungsmünzen. Simon regiert etwa drei Jahre in Judäa, bis er den Römern in der Festung Betar, südwestlich von Jerusalem, unterliegt. In der Folge wird den Juden untersagt, Jerusalem zu betreten. Die Römer integrieren Judäa in die neu geschaffene Provinz Syria Palaestina.

Nicht wenige Judenchristen (wie auch Juden) sind schon vorher emigriert. Sie ziehen in andere Provinzen des römischen Reiches, zumeist an Orte, in denen bereits jüdische Gemeinden existieren. Auf diese Weise verbreitet sich die neue Lehre auch außerhalb Palästinas, allerdings noch immer vorrangig unter den Anhängern der jüdischen Religion.

Heidenchristen

Neben den Judenchristen gibt es bereits in den ersten Jahrzehnten nach Jesu Kreuzigung und Auferstehung Personen, die aus paganen Familien stammen und sich der christlichen Botschaft zuwenden, die sogenannten ‚Heidenchristen‘. Die größte Bedeutung bei der Missionierung der Heiden kommt dem Apostel Paulus zu, der die Auffassung propagiert, der Missionsauftrag Christi sei nicht allein auf die Juden zu beziehen, sondern müsse auch die *pagani* einbeziehen. Paulus selbst besitzt das römische Bürgerrecht und verfügt damit über die Möglichkeit, das Reich zu bereisen, um die Botschaft zu verbreiten. Er ist gleichwohl nicht der Erste, der sich an Heiden wendet. Auch die anderen Apostel stoßen bei Nichtjuden auf Aufmerksamkeit, gewinnen diese für das Evangelium und taufen sie in erheblicher Zahl. Paulus ist eher als derjenige zu begreifen, welcher der Missionierung der Heiden ein theoretisches Fundament verschafft. Allerdings vollzieht er mit der Heidenmission einen wichtigen Schritt zur Abgrenzung vom Judentum, denn die Heidenchristen unterscheiden sich von den Judenchristen in einer – aus jüdischer Sicht – grundlegenden Hinsicht: Sie folgen nicht dem jüdischen Gesetz.

Differenzierung von Judentum und Christentum

Zu welchem Zeitpunkt die Loslösung vom Judentum und somit die Herausbildung des Christentums als selbstständiger Religionsgemeinschaft vollzogen wird, lässt sich nicht sicher bestimmen. Will man hier zumindest annäherungsweise eine Antwort geben, so hat man die Möglichkeit, sich an den Selbstbezeichnungen der jeweiligen religiösen Gruppen sowie ihrer Benennung durch andere zu orientieren. Da die Heidenchristen das jüdische Gesetz ablehnen, ist aus der Perspektive der Juden eine Trennung vollzogen, die Letztere auf sämtliche Christen beziehen. Sie bezeichnen die Christen fortan als ‚Galiläer‘ (nach der Landschaft Galiläa) oder als ‚Nazaräer‘ (gemäß der Stadt Nazareth) und grenzen sie damit auch begrifflich von sich ab. Die Christen selbst benennen sich im 1. Jahrhundert mit unterschiedlichen Namen, beispielsweise bezeichnen sie sich als das ‚Volk Gottes‘ oder als ‚Gläubige‘. Diese Titulierungen sind noch recht unspezifisch;

die erstgenannte etwa wird ebenso von den Juden zur Selbstbezeichnung verwendet. Der Name *Christiani* kommt um die Mitte des 1. Jahrhunderts auf. Er wird von Außenstehenden geprägt und sehr schnell von den Römern übernommen. In Rom ist es üblich, religiöse oder auch politische Gruppen nach ihren Begründern zu benennen. Die Tatsache, dass die Römer die Christen in dieser Weise bezeichnen, deutet darauf hin, dass sie sie bereits zu dieser Zeit als von den Juden abgegrenzte Gruppierung begreifen. Die Christen selber verwenden den Namen *Christiani* erst später.

1.2 Mission in den ersten drei Jahrhunderten

Die Heidenmission legt den Grundstein für die Verbreitung des Christentums im römischen Reich. Die Verhältnisse im Imperium Romanum sind dafür günstig: Die Infrastruktur ist nach antiken Maßstäben ausnehmend gut, das Reich verfügt über ein ausgedehntes Straßennetz, römische Bürger können im Reich umherreisen und haben die Möglichkeit, Briefe im gesamten Imperium zu versenden, die allerdings privat transportiert werden müssen; eine öffentliche Post, die Privatleuten zugänglich wäre, gibt es nicht.

Auch die christliche Religion selbst weist verschiedene Merkmale auf, die ihre Ausbreitung begünstigen: Entscheidend ist zunächst einmal, dass die Verehrung des Christengottes nicht an einen einzelnen Ort und einen bestimmten Tempel gebunden ist. Letzteres gilt demgegenüber für viele pagane Kulte, was deren überregionale Verbreitung erheblich erschwert, wenn nicht unmöglich macht. Hinzu kommt, dass sich die Christen anfänglich der griechischen Sprache bedienen und somit in den östlichen Provinzen nahezu überall verstanden werden. Auch im lateinischen Westen sind Griechischkenntnisse sehr verbreitet, und das nicht nur in der sozialen Elite, sondern etwa auch unter den Händlern. Bald erscheinen zudem christliche Schriften in lateinischer Sprache. Weiterhin ist zu konstatieren, dass die christliche Lehre auch aus inhaltlichen Gründen im römischen Reich recht gut vermittelbar ist. Das hat speziell damit zu tun, dass sie wesentliche Gemeinsamkeiten mit den zahlreichen Mysterienkulten (etwa dem Mithras-, dem Isis- oder dem Solkult) hat, die sehr verbreitet sind: beispielsweise das Moment des einen Gottes, die Initiation, das Kultmahl, die Heilsbotschaft und die Hoffnung auf Erlösung im Jenseits. Das Christentum kann als eine der zahlreichen Erlösungsreligionen verstanden werden. Allerdings ist ein wesentlicher Unterschied zu diesen auszumachen: Die Mysterienreligionen stellen zwar einen Gott ins Zentrum, verehren diesen aber nicht exklusiv, sondern lassen daneben den Vollzug anderer Kulte zu. Teilweise identifizieren sie die Götter, die sie dabei anrufen und denen sie opfern, in **synkretistischer** Manier mit ihrer zentralen Gottheit.

Bedingungen für die Verbreitung

Gemeinsamkeiten mit Mysterienkulten

Religiöser Synkretismus
Religiöser Synkretismus meint die ‚Vermischung' verschiedener Kulte (zum Beispiel die Verschmelzung von Göttern) beziehungsweise einzelner Elemente unterschiedlicher Kulte (etwa die Vermengung kultischer Praktiken unterschiedlicher Herkunft). Im römischen Reich, das verschiedenste Ethnien auch religiös zu integrieren sucht und in dem es daher zahlreiche Akkulturationsphänomene gibt

E

(bei den zu integrierenden Provinzialen wie auch den Römern), ist er sehr verbreitet.

Da diese Religionen sich primär auf einen Gott ausrichten, ohne sich aber auf diesen zu beschränken, spricht die Forschung in ihrem Fall von ‚henotheistischen' Religionen und grenzt sie so vom herkömmlichen Polytheismus, aber auch von den monotheistischen Religionen Judentum und Christentum ab, die nur einen einzigen Gott akzeptieren. Diese Besonderheit aber entzieht sich wohl der Wahrnehmung der meisten interessierten Römer; sie nehmen eher die Ähnlichkeiten des Christentums mit den Mysterienreligionen wahr.

Probleme bei der Verbreitung des Christentums

All das darf jedoch nicht darüber hinwegtäuschen, dass es bei der Ausbreitung des Christentums auch zu erheblichen Schwierigkeiten kommt. Seitens der paganen Umwelt werden massive Vorbehalte gegen die christliche Religion vorgebracht, deren sich die Christen zum Teil nur schwer erwehren können. Viele dieser Kritikpunkte resultieren daraus, dass die Christen ihre Religion nicht in der Öffentlichkeit leben, da es sich nicht um eine vom Staat ‚erlaubte Religion' (*religio licita*) handelt. Dies führt zu verschiedensten Spekulationen seitens der Heiden: So hält man ihnen vor, politische Verschwörer zu sein, die einen Umsturz planen. Auch kursieren verschiedenste Vorstellungen darüber, welche religiösen Praktiken Christen im Verborgenen betreiben: Man unterstellt ihnen etwa, Menschen zu töten und deren Fleisch zu verzehren, Zauberei zu praktizieren und einen Eselskopf anzubeten (Letzteres wurde früher schon den Juden nachgesagt). Die Christen gelten zudem als Atheisten, da sie sich nicht an den paganen Kulten beteiligen und die Göttlichkeit der heidnischen Gottheiten leugnen. Von gebildeten Heiden wird ihnen vorgeworfen, einer irrationalen Lehre anzuhängen und die traditionelle Bildung zu missachten. In den Zusammenhang gehört auch die Annahme, allein ungebildete Personen fühlten sich vom Christentum angesprochen. Eine andere Kritik, die besonders im Westen laut wird, ist die, dass die Christen sich dem römischen Reich widersetzen, indem sie die Götter nicht verehren, auf deren Wohlwollen und Schutz das Imperium – so die römische Vorstellung – beruht, und sich nicht an römischen Traditionen und Normen orientieren.

Die Auseinandersetzung mit all diesen Vorwürfen prägt das Leben der Christen. Sie sind vielfältig bemüht, Aufklärung zu leisten und die Bedenken zu zerstreuen. Dies unternehmen sie zum einen, um möglicher Bedrohung entgegenzuwirken, zum anderen aber auch in missionarischer Absicht, um Heiden für das Christentum zu gewinnen. Wir werden in den Abschnitten über das Verhältnis des Christentums zum römischen Staat und zur römischen Gesellschaft sehen, mit welchen Argumenten dies geschieht (Kap. 2.2 und 3).

Methoden der Mission

Die Missionsmethoden, die in dieser Zeit angewandt werden, sind unterschiedlich. Eine große Rolle spielen in der Anfangszeit die Predigten der Apostel, besonders ihre Berichte über die biblischen Wunder. Den Aposteln gelingt es, viele Menschen anzusprechen, die rasch bereit sind, sich taufen zu lassen. Eine eingehende Beschäftigung mit einzelnen Taufkandidaten findet bei den Massentaufen, welche die Apostel vollziehen, nicht statt. Dieser

Umstand löst später in der Kirche Kontroversen aus. Mit der Herausbildung der christlichen Gemeinden (dazu unten Kap. 1.3) übernehmen dann die Bischöfe, Presbyter und Diakone die Missionsfunktion. Ähnlich wie die Apostel konzentrieren sie sich in der Vermittlung der christlichen Lehre auf die Grundelemente der Erlösungsbotschaft und erzählen besonders von den Wundern Jesu, die als Beweis seiner Göttlichkeit begriffen werden. Daneben gibt es wie schon in apostolischer Zeit Wandermissionare, die ohne kirchlichen Auftrag umherziehen. Große Bedeutung gewinnen schnell auch die karitativen Leistungen, welche die christlichen Gemeinden erbringen: Speziell Arme und Kranke finden hier in höherem Maße Unterstützung als in der paganen Umwelt. Eine nicht unerhebliche missionarische Wirkung geht auch von den Martyrien aus, die im Zuge von Christenverfolgungen geschehen (siehe dazu Kap. 2.1).

Über die Verbreitung des Christentums haben wir keine dezidierten Angaben. Die Quelleninformationen dazu sind disparat und zum Teil wenig aussagekräftig. Die neutestamentlichen und frühchristlichen Autoren verbreiten teilweise den Eindruck, als sei das Evangelium bereits in der gesamten damals bekannten und bewohnten Welt verbreitet, was zweifellos nicht der Wirklichkeit entspricht. Sicher ist, dass die Zahl der Christen in den verschiedenen Regionen sehr unterschiedlich ist: Im griechischen Osten ist sie deutlich höher als im lateinischen Westen. In den Städten findet das Christentum sehr viel größeren Zulauf als auf dem Lande. In einigen Städten des Ostens dürften die Christen im 3. Jahrhundert bereits die Mehrheit der Bevölkerung ausmachen. | Unterschiedliche Verbreitung

Große Unterschiede sind auch in der Verbreitung der christlichen Religion in den verschiedenen gesellschaftlichen Schichten zu konstatieren: Noch vor einigen Jahrzehnten hat man in der Forschung vielfach angenommen, dass das Christentum anfänglich vorrangig die Unterschichten angesprochen habe und primär Sklaven beziehungsweise Lohnarbeiter mit niedrigem sozialen Status und geringer Bildung Christen geworden seien. Untersuchungen zu einzelnen christlichen Gemeinden in den letzten Jahren haben jedoch gezeigt, dass die Verhältnisse komplexer sind: Die Angehörigen der untersten Schichten, besonders die Sklaven, machen demnach an den meisten Orten nur eine Minderheit unter den Gemeindemitgliedern aus. Die Auffassung, dass vorzugsweise dieser Personenkreis für das Christentum rekrutiert worden sei, ist auf die antichristliche Polemik antiker heidnischer Autoren zurückzuführen und deckt sich nicht mit dem empirischen Befund. Die Majorität der Christen scheint den mittleren sozialen Schichten unter den Städtern anzugehören, das heißt speziell den Handwerkern und den Händlern. Daneben gibt es schon in dieser Zeit eine ganze Reihe von Christen aus den gehobenen Schichten, besonders in den Metropolen im Osten des Reiches. Auch im Westen finden sich bereits in den ersten drei Jahrhunderten einige Angehörige der sozialen Eliten in den Gemeinden; allerdings handelt es sich bei diesen mehrheitlich um Frauen – Männer aus dem Senatoren-, Ritter- und Dekurionenstand sind deutlich unterrepräsentiert. | Verbreitung in gesellschaftlichen Schichten

1.3 Herausbildung der Gemeindestruktur

Über weite Strecken des 1. Jahrhunderts erwarten die Christen die baldige Wiederkehr Christi und den Beginn des Gottesreiches (Parusie-Erwartung). Aus diesem Grunde halten sie es zunächst nicht für notwendig, sich eingehend mit ihrer Umwelt auseinanderzusetzen. Ebenso scheint es ihnen nicht nötig, den zahlreichen christlichen Gemeinden eine dauerhafte Struktur zu geben. Dies ändert sich gegen Ende des 1. Jahrhunderts. Zuvor hatten die Apostel aufgrund ihrer persönlichen Autorisierung durch Jesus ein besonderes Charisma und eine entsprechende Autorität unter den Christen. Sie haben die richtige Lehre garantiert und waren in der Lage, bei Differenzen in Glaubensangelegenheiten verbindliche Entscheidungen zu treffen. Nach ihrem Tode scheint es erforderlich, andere Personen zu bestimmen und sie so mit Kompetenzen auszustatten, dass sie faktisch als Nachfolger der Apostel fungieren können.

Einrichtung des Bischofsamtes — Eine beständige Lösung für dieses Problem entwickelt sich aber nur sukzessive. Um die Wende zum 2. Jahrhundert wird vielerorts ein Amt geschaffen, dessen Träger der jeweiligen Gemeinde vorstehen soll: das Bischofsamt. Der Bischof leitet die Gottesdienste, darf zumeist als einziger die Taufe vollziehen und hat die Aufsicht über Lehre und Disziplin in der Gemeinde inne. Im 1. Clemensbrief, der in den 90er Jahren des 1. Jahrhunderts entstanden ist, findet sich bereits die Position, dass die Bischöfe in der Nachfolge der Apostel stehen und aus diesem Grunde die Überlieferung der rechten Lehre garantieren. Diese Vorstellung wird im 2. Jahrhundert noch ausgebaut. Der Bischof wird in der Regel von der Gemeinde – durch Wahl oder durch Akklamation – bestimmt.

Presbyter — Überdies gelangen die Christen an den meisten Orten zu der Einschätzung, dass weitere Personen benötigt werden, die in den Gemeinden Funktionen übernehmen und in gewissem Rahmen Entscheidungen treffen können: die ‚Älteren' (‚Presbyter' – aus dem Terminus entwickelt sich später der Begriff ‚Priester'), denen vor allem die Aufgabe übertragen wird, den Bischof zu beraten. Deren Zuständigkeiten sind allerdings nicht einheitlich geregelt. Zum Teil feiern sie gemeinsam mit dem Bischof den Gottesdienst, zuweilen leiten sie selbstständig Eucharistiefeiern und unterweisen die Taufbewerber. Sie können als Bevollmächtigte des Bischofs agieren. Hinzu kommen *Diakone* — die Diakone (*diákonos* = Helfer), die den Bischof in seiner praktischen Arbeit unterstützen und sich besonders um die Armenfürsorge in der Gemeinde kümmern. Mit letzterer Funktion können auch Frauen betraut werden. Vielerorts – besonders in großen Gemeinden – kommen bald weitere Ämter hinzu.

Gemeindeorganisation — Mit der Einrichtung dieser ständigen Ämter bildet sich eine Gemeindeorganisation heraus. Aus der Tatsache, dass die Funktionen in den Quellen zunächst mit griechischen Begriffen bezeichnet werden (*epískopos* für Bischof, *presbýteros* und *diákonos*) lässt sich schließen, dass diese Institutionen zunächst im Osten des Reiches entwickelt und dann vom Westen übernommen werden. Bald aber bildet der Westen eine eigene lateinische Begrifflichkeit für die Ämter aus.

Bischöfe, Presbyter und Diakone werden zu einem Klerus zusammengeschlossen, der sich durch die Weihe (*ordinatio*), die durch Handauflegen seitens des Bischofs geschieht, von den übrigen Gläubigen abgrenzt. Durch die Weihe segregieren sich die Kleriker auch von anderen herausgehobenen Gruppen in der Gemeinde, so von den Jungfrauen und den Witwen, denen für die Durchführung der karitativen Aufgaben der Kirche eine große Bedeutung zukommt. Diese bilden jeweils einen eigenen Stand (*ordo*), gehören aber nicht zum Klerus. Über sie wird bemerkt, dass sie zwar in ihren Stand ‚eingesetzt', aber eben nicht ordiniert werden.

Klerus

Die Ämter, die den Klerus bilden, werden in eine hierarchische Ordnung gebracht, an deren Spitze stets der Bischof steht. Bei der Herausbildung der Gemeindeordnung orientieren sich die Christen an Vorbildern, welche die pagane Umwelt darbietet. So hat die moderne Forschung gezeigt, dass wesentliche Gemeinsamkeiten zwischen Gemeindeorganisation und Organisation der Herrschaft im römischen Staat auszumachen sind: Dies gilt besonders für den Amtscharakter der Gemeindefunktionen und ihre hierarchische Gliederung.

Die einzelne Gemeinde wird meist als ‚Kirche' (*ecclesia*) bezeichnet und damit in gleicher Weise tituliert wie die Gesamtkirche. Dies hat damit zu tun, dass die Vorstellung besteht, dass die Einzelgemeinde tatsächlich die gesamte Kirche verkörpert. Zumeist verhält es sich so, dass in einer Stadt eine Kirchengemeinde existiert, der ein Bischof vorsteht. In einigen großen Städten des Reiches, beispielsweise in Alexandrien, Antiochien, Rom und Karthago gibt es überdies sogenannte ‚Nebenkirchen', die der Bischofskirche unterstehen. Sie werden von einem oder mehreren Presbytern geleitet. Welche Kompetenzen diese Presbyter haben, ist nicht einheitlich geregelt. Zum Teil ist es ihnen erlaubt, die Sakramente zu spenden, zum Teil beansprucht der Bischof dieses Recht auch in den Nebenkirchen für sich.

Kirche und
Gemeinden

Die Gemeinden versammeln sich in der Regel in Privathäusern. Da das Christentum nicht den Status einer *religio licita* hat, ist die christliche Kirche auch nicht rechtsfähig und kann entsprechend weder Grund noch Boden oder Gebäude besitzen.

1.4 Kontroversen um die rechte Lehre und deren Konsequenzen für die Organisation der Kirche

Im 2. Jahrhundert wird nicht nur die Organisation der Gemeinde herausgebildet. Es finden nun auch Zusammenkünfte von Bischöfen mehrerer Gemeinden statt, die sogenannten ‚Synoden'. Teilweise treten sämtliche Bischöfe einer Provinz zusammen. Dabei kommt zumeist dem Bischof der Provinzhauptstadt (im griechischen Osten als *mētrópolis* bezeichnet), den man im griechischen Sprachbereich Metropoliten (*mētropolítēs*) nennt, eine leitende Funktion zu. Allerdings sind staatliche und kirchliche Organisation hier nicht immer deckungsgleich; teilweise weichen staatliche Provinzen und Kirchenprovinzen voneinander ab. Die Synoden stellen keine beständigen Einrichtungen dar, sondern werden bei Bedarf zusammengerufen.

Synoden

Einen wichtigen Grund für die Entwicklung der Gemeindeordnung, vor allem für die Einrichtung des Bischofsamtes, wie auch für die Einführung der Synoden, sieht die Forschung darin, dass es gegen Ende des 1. Jahrhunderts zu erheblichen Kontroversen um die rechte Lehre kommt:

Welche Schriften sind authentisch?

Es kursieren verschiedenste Texte über das Leben Christi und die Apostel, so dass man Entscheidungen treffen muss, welche Schriften als authentisch anzusehen und welche als apokryph auszuschließen sind. Dabei wird ein Kanon von Schriften erstellt, der später als ‚Neues Testament' bezeichnet wird. Dessen Kern bilden die vier Evangelien; die Apostelschriften etwa kommen erst später hinzu. Zugleich befasst man sich mit den alttestamentlichen Schriften und bemüht sich auch hier um Kanonbildung. Als Textgrundlage verwenden die Christen die **Septuaginta**. Dabei zeigen einige

E | **Septuaginta**
Bei der Septuaginta handelt es sich um eine griechische Übersetzung des Alten Testaments. Der Legende zufolge hat König Ptolemaios II. Philadelphos im 3. Jahrhundert v. Chr. den hebräischen Pentateuch durch 72 Juden (daher die Bezeichnung Septuaginta = siebzig) übersetzen lassen. Der Begriff wird von den Kirchenvätern auf das gesamte Alte Testament übertragen.

Christen Bestrebungen, das Alte Testament gänzlich für das Christentum zu reklamieren. Sie rekurrieren auf den Barnabasbrief, eine frühchristliche Schrift, die wahrscheinlich zwischen dem Jüdisch-römischen Krieg und dem Bar Kochba-Aufstand entstanden ist. Hier wird die Auffassung vertreten, die Vorschriften des jüdischen Gesetzes seien nicht wörtlich gemeint, sondern allegorisch. Die Juden hätten das Alte Testament ‚fleischlich' und damit unzutreffend verstanden; die Christen begriffen es hingegen ‚geistig' und damit korrekt. In der Folgezeit werden unter Christen zunehmend antijüdische Töne laut, welche die Entfremdung von Christentum und Judentum forcieren. Die Kanonbildung ist ein langer Prozess, der von zahlreichen Kontroversen begleitet ist. Besonders intensiv gestritten wird etwa über die Offenbarung des Johannes.

Exegese

Außerdem wird es notwendig, Methoden zu entwickeln, die dazu verhelfen, sich mit verschiedenen Auffassungen in der Glaubenslehre kritisch zu befassen und Exegese zu betreiben. Man durchdringt die Lehre systematisch und entwickelt schließlich eine Theologie. Um das zu bewerkstelligen, übernehmen die Christen auch Begriffe, Vorstellungen und Methoden der Textinterpretation, die der antiken Philosophie und der Philologie entstammen. Mit ihrer Hilfe kann man jetzt bestimmen, welche Lehren als richtig beziehungsweise rechtgläubig gelten sollen. Diese bezeichnet man fortan als ‚katholisch' beziehungsweise ‚orthodox'. Die anderen Auffassungen, die man als irrgläubig ausschalten möchte, nennt man ‚Häresien'. Die Herausbildung einer Theologie stößt nicht bei allen christlichen Autoren auf Zustimmung. Einige äußern die Sorge, dass die Botschaft auf diese Weise verfremdet werden könnte. Sie fürchten, dass die ‚Einfachheit des Glaubens' (*simplicitas fidei*) verloren geht, und fordern, theologische Reflexionen auf ein Minimum zu beschränken.

Unter den Konflikten, mit denen sich die Kirche konfrontiert sieht, kommt der Auseinandersetzung mit der **Gnosis** eine zentrale Rolle zu.

Gnosis

E

Gnosis heißt wörtlich ‚Erkenntnis'. Es handelt sich bei der Gnosis nicht um eine bestimmte Religion oder Philosophie, sondern um spezifische Denkansätze, die in verschiedenste Religionen und Philosophien der Zeit einfließen. Charakteristisch für viele gnostische Lehren ist ein dualistisches Weltbild, das durch zwei Prinzipien gekennzeichnet ist, die in einem antagonistischen Verhältnis stehen. Diese können unterschiedlich konzipiert werden, etwa als Gut und Böse, Licht und Finsternis oder Geist und Materie. Dabei wird Gott mit dem Guten, dem Licht oder dem Geist in Verbindung gebracht. Die Gnostiker gehen davon aus, dass die Welt in Unordnung geraten ist, indem die einstmals klare Trennung der beiden Prinzipien verlorengegangen ist. Dies kann nach ihrem Verständnis dadurch geschehen sein, dass ein Element aus dem Bereich des Lichtes in den der Dunkelheit ‚gefallen' ist oder umgekehrt. Sie erwarten eine Erlösung, die dadurch zustande kommt, dass die beiden Prinzipien wieder eindeutig geschieden werden. Als Voraussetzung dafür begreifen sie die Erkenntnis Gottes, die eine Person erlangen kann, die von Gott gerufen wird.

Die christlichen Gnostiker glauben, dass Jesus das in die Welt gefallene göttliche Prinzip darstellt. Ihrer Ansicht zufolge erlöst er die Menschen nicht durch Leiden und Kreuzestod, sondern durch den Ruf, den er aussendet. Weiterhin gehen sie davon aus, dass sich das Göttliche in Christus vor seiner Kreuzigung vom Körper gelöst habe: Am Ende seines Lebens sei der Christus von Jesus gewichen. Jesus habe gelitten und sei auferweckt worden, Christus aber sei seinem geistigen Wesen entsprechend leidensfrei geblieben (Irenaeus, *Adversus haereses* 1,21). Aus Sicht der Kirche ist diese Auffassung mit der Christologie nicht zu vereinbaren. Christliches und Nichtchristliches werden hier in synkretistischer Manier verknüpft, was vielen Bischöfen bedenklich scheint. Ein Beispiel für einen christlichen Gnostiker ist Valentinus, der Mitte des 2. Jahrhunderts wirkt und eine nicht unerhebliche Anhängerschaft um sich sammelt.

Christliche Gnostiker

Disputiert wird in der Kirche weiterhin über das Verhältnis zur jüdischen Religion. Insbesondere setzt man sich um die Mitte des 2. Jahrhunderts mit Marcion und seinen Anhängern auseinander, die – geprägt von der Gnosis – einen Antagonismus von Schöpfung und Erlösung annehmen. Den Gott des Alten Testament verstehen sie als einen bösen, der eine böse Welt geschaffen habe; diesem Judengott setzen sie einen Erlösergott gegenüber, der seinen Sohn auf die Erde geschickt habe, um die Welt zu erretten.

Marcioniten

Als bedrohlich für die christliche Lehre begreifen viele Kleriker auch die Montanisten. Montanus begründet in der zweiten Hälfte des 2. Jahrhunderts eine christliche Sonderkirche. Er betrachtet sich selbst als Propheten, verkündigt Visionen und prophezeit in Ekstase die baldige Wiederkehr Jesu. Er spricht sich für eine asketische Lebensweise aus. Die Montanisten gründen eigene Gemeinden, welche Bischöfe, Presbyter und Diakone haben. Auch Frauen haben bei ihnen Zugang zu den Ämtern. Ihre Lehre wird von mehreren Synoden verurteilt, lebt jedoch bis in die Spätantike hinein weiter.

Montanisten

Heftig diskutiert wird überdies der korrekte Termin für das Osterfest. Die christlichen Gemeinden in Kleinasien begehen Ostern zur Zeit des jüdischen Passah-Festes, viele andere Gemeinden feiern es zunächst gar nicht. Die römische Kirche entscheidet sich, als sie das Fest bei sich einführt, es auf den ersten Sonntag nach dem ersten Vollmond nach Frühlingsanfang zu

Ostern

Nexus zwischen
rechter Lehre und
katholischer Kirche

legen. Diesen Termin will sie Ende des 2. Jahrhunderts für allgemein ver-
bindlich erklären und setzt sich nach längeren Kontroversen auch durch.

Insgesamt wird im Zuge dieser Auseinandersetzungen ein enger Zusammenhang zwischen der rechten Lehre und den Institutionen der katholischen Kirche herausgearbeitet. Dies gilt speziell für den lateinischen Westen, der in noch höherem Grade als der Osten von der römischen Herr-
schaftsorganisation geprägt ist. Besonders prägnant streicht Bischof Cyprian
von Karthago (um die Mitte des 3. Jahrhunderts) die Bedeutung der Amtskir-
che für die Erlangung des Seelenheils heraus, indem er betont, dass außerhalb der Kirche kein Heil möglich sei („*Extra ecclesiam salus non est*" [*Epistula* 73,21]). Er denkt dabei speziell an die einzelne rechtgläubige Gemeinde, deren Bischof die Sakramente zu spenden befugt ist. Gerade in
innerkirchlichen Konflikten um dogmatische Fragen wie den eben genannten, bei denen es nicht selten zur Abspaltung von Gruppierungen kommt,
welche die katholische Kirche als häretisch betrachtet, wird dies von katholischer Seite propagiert.

2. Christentum und römischer Staat

2.1 Christenverfolgungen

Das Christentum hat – wie wir schon gesehen haben – in den ersten drei
Jahrhunderten nicht den Status einer *religio licita*. Das aber bedeutet nicht,
dass es seitens des Staates beständiger Verfolgung ausgesetzt wäre. Der
Staat verhält sich gegenüber den verschiedenen Kulten, die im Reich praktiziert werden, im Normalfall tolerant. Er bevorzugt keine bestimmte Religion
und verpflichtet niemanden zur Teilnahme an Kultpraktiken. Selbst der Kaiserkult macht hier keine Ausnahme. Zu Konflikten zwischen dem Staat und
religiösen Gemeinschaften kommt es erst dann, wenn Letztere die öffentliche Ordnung zu beeinträchtigen drohen, sie also eine politische Gefahr dar-
zustellen scheinen. Zu Beginn des 4. Jahrhunderts ändert sich dies grundlegend: Der Staat geht nunmehr entschieden gegen Religionsgemeinschaften
vor, die von römischen Traditionen abweichen. Wir werden im Folgenden
zunächst die Situation in den ersten beiden Jahrhunderten betrachten und
anschließend die Lage Ende des 3. und zu Beginn des 4. Jahrhunderts in
den Blick nehmen. Dabei werden wir uns nicht mit sämtlichen Verfolgungen beschäftigen, sondern exemplarisch vorgehen.

Quellenproblematik

Eine wesentliche Schwierigkeit besteht in dem Zusammenhang allerdings
darin, dass wir zu der Thematik primär christliche Quellen vorliegen haben,
die zu einem erheblichen Teil aus der Spätantike stammen. Ihre Autoren
tendieren dazu, die Christenverfolgungen in verschiedenster Manier zu stilisieren. Nicht selten überzeichnen sie die Verfolgungen während des Prinzipats. Vielfach setzen sie auch voraus, dass der Staat, wenn er gegen Christen
vorgeht, aus religiösen Motiven handelt. Schließlich ordnen sie die Verfolgungen in die christliche Erlösungsgeschichte ein, was zu einer Bewertung

dieser Begebenheiten unter theologischen Gesichtspunkten führt. Ein Beispiel hierfür ist das Schema der zehn Verfolgungen, das Augustinus in seiner Schrift *Über den Gottesstaat* präsentiert und diskutiert (*De civitate Dei* 18,52). Aus diesen Gründen sind christliche Berichte vielfach wenig geeignet, um die Ereignisse zu rekonstruieren und die Maßnahmen des römischen Staates zu erfassen und zu interpretieren. Aufschlussreicher sind hierfür staatliche Zeugnisse und Ausführungen paganer Autoren, die allerdings nur in vergleichsweise geringer Zahl existieren.

2.1.1 Verfolgungen im 1. und 2. Jahrhundert

Zu ersten Konflikten kommt es möglicherweise schon unter Kaiser Claudius (41–54). Zumindest berichtet Sueton in seiner Biographie des Claudius, dass der Kaiser die Juden aus Rom vertrieben habe, weil sie, aufgehetzt von einem gewissen Chrestos, fortwährend Unruhe stifteten (25,4). Genauere Informationen haben wir darüber nicht. Man vermutet, dass es in Rom zu Konflikten zwischen Juden und Judenchristen kommt. Wichtig ist, dass die Ausweisung durch staatliche Behörden offenbar im Interesse der Aufrechterhaltung der öffentlichen Ordnung geschieht, nicht aus einer religiösen Motivation heraus. Festzuhalten ist auch, dass die Formulierung bei Sueton darauf deuten lässt, dass der Staat noch nicht zwischen Juden und Christen differenziert.

Die berühmteste Christenverfolgung des 1. Jahrhunderts ist diejenige, die der Überlieferung gemäß während des Prinzipats Neros (54–68) im Jahre 64 n. Chr. stattfindet. Auch diese wird in der Forschung kontrovers diskutiert. Der römische Historiker Tacitus bringt sie mit dem Brand Roms in Zusammenhang, der seinerseits nicht unumstritten ist. Er behauptet, es sei ein Gerücht entstanden, dass der Brand auf Befehl des Kaisers gelegt worden sei. Um dem Gerede ein Ende zu setzen, habe Nero die Christen als Schuldige präsentiert (*Annales* 15,44). Die Tatsache, dass er dabei auf die Christen verfällt, dürfte nicht allein darauf zurückzuführen sein, dass jüdische Proselyten in seiner Umgebung ihm entsprechende Ratschläge gegeben haben. Vielmehr scheint es in der Bevölkerung bereits eine ausgeprägte Skepsis, wenn nicht offene Abneigung gegen Christen zu geben, auf die Nero in dieser Situation rekurrieren kann. So bemerkt Tacitus in der eben genannten Stelle, die Christen seien des ‚Hasses auf das Menschengeschlecht‘ (*odium humani generis*) überführt und würden deshalb verurteilt und hingerichtet. Man hält ihnen vor, sich abzugrenzen und vom sozialen Leben zu distanzieren, was sie vielen *pagani* suspekt erscheinen lässt. Hinzu kommt, dass man ihnen schändliche religiöse Praktiken vorwirft, was wiederum damit zu tun hat, dass die Christen – gezwungenermaßen – jenseits der Öffentlichkeit agieren, so dass die Bevölkerung keine zuverlässigen Informationen über sie hat und vielfältige Spekulationen anstellt (vgl. oben Kap. 1.2). Der Vorwurf der Brandstiftung scheint bei der Verfolgung eine untergeordnete Rolle zu spielen. Auch sonstige Vergehen (*flagitia*) weist man den Christen nicht nach, bemüht sich offenbar auch gar nicht darum. Entscheidend ist allein die Tatsache, dass sie Christen sind.

Die Forschung hat eine Zeitlang diskutiert, ob Nero nicht selbst versucht hat, der Verfolgung eine rechtliche Grundlage zu geben. Anlass dafür bietet

Verfolgungen unter Claudius?

Christenverfolgung unter Nero

Rechtliche Grundlage für Verfolgung?

11

der Hinweis auf ein sogenanntes *Institutum Neronianum*, das der christliche Autor Tertullian (um 200 n.Chr.) in seiner Schrift *Ad nationes* (1,7,9) erwähnt. Hier soll festgeschrieben worden sein, dass es nicht erlaubt sei, Christ zu sein. Heute geht man mehrheitlich davon aus, dass Nero kein solches Gesetz erlassen hat. Grund für diese Annahme ist, dass eine derartige Regelung weder zur Zeit Neros noch in späteren Konflikten zwischen Staat und Christen je irgendeine Rolle gespielt hat. Letzteres lässt sich nicht mit Hinweis auf die *damnatio memoriae* begründen, die postum über Nero verhängt wird, weil einem solchen ‚Erinnerungsverbot' zwar die Bildnisse des Kaisers zum Opfer fallen und sein Name aus den Inschriften getilgt wird, seine Gesetze jedoch meist nicht betroffen sind.

Wie viele Christen bei den Verfolgungen zu Tode kommen, wissen wir nicht. Die berühmtesten Opfer sind der Überlieferung zufolge die Apostel Petrus und Paulus. Deren Märtyrertod in Rom ist allerdings sehr umstritten. Die Verfolgung beschränkt sich wohl auf das Jahr 64 n.Chr. Sie scheint gänzlich unorganisiert vonstatten zu gehen, was die Vermutung erhärtet, dass es im Wesentlichen darum geht, dem Unmut der Bevölkerung rasch zu begegnen, und nicht darum, sich systematisch mit den Christen zu befassen. Auch die Art des Vorgehens lässt darauf schließen, dass der Staat nicht beabsichtigt, das Problem rechtlich zu fassen und zu regeln.

Die staatlich initiierte Christenverfolgung unter Nero bleibt zunächst ein Sonderfall in den Beziehungen von römischem Staat und Christen. Unter den Kaisern der flavischen Dynastie haben wir keine Hinweise auf Christenverfolgungen, die vom Staat veranlasst und durchgeführt werden. Die einzige Ausnahme macht hier Kaiser Domitian (81–96). Allerdings ist die Überlieferung dazu höchst problematisch. Bemerkungen über dezidierte Christenverfolgungen unter Domitian finden wir allein in zumeist späteren christlichen Quellen, die sich beim Abgleich mit den Zeugnissen paganer Autoren nicht sicher verifizieren lassen. So berichtet der heidnische Historiograph Cassius Dio lediglich von Maßnahmen gegen Personen, die jüdische Sitten angenommen hätten (Cassius Dio 67,14,2). Da man aber auf paganer Seite, wie die Verfolgungen unter Nero zeigen, bereits zwischen Christen und Juden zu differenzieren vermag, dürften hier tatsächlich Juden beziehungsweise jüdische Proselyten gemeint sein.

Dass die Christen gerade Domitian als Christenverfolger stilisieren, ist wohl darauf zurückzuführen, dass er wegen seines autokratischen Herrschaftsstiles auch seitens der Nichtchristen, speziell von der Senatsaristokratie, als Tyrann tituliert wird. Oppositionelle Senatoren lässt er massiv verfolgen, wodurch sich auch Christen bedroht fühlen, besonders in Kleinasien, wo der Kaiser gezielt gegen Personen vorgeht, die aus politischen Gründen die Teilnahme am Kaiserkult verweigern. Wie über Nero wird auch über Domitian die *damnatio memoriae* verhängt. Nicht zuletzt dies dürfte auch Christen motiviert haben, ihn mit dem letzten Kaiser der julisch-claudischen Dynastie zu vergleichen.

Auch während der Regentschaft Trajans (98–117 n.Chr.) kann von einer systematischen Christenverfolgung keine Rede sein. Interessant ist aus seiner Zeit jedoch ein Briefwechsel des Kaisers mit dem jüngeren Plinius, der in seiner Funktion als kaiserlicher Sonderbeauftragter in der Provinz Bithy-

Verfolgung unter Domitian?

Christenprozesse unter Trajan

nien-Pontos Christenprozesse durchzuführen hat. Plinius ist mit Anzeigen gegen Christen konfrontiert, mit denen er nicht sicher umzugehen weiß, weil er bislang keine Erfahrung mit derartigen Anzeigen hat. Entsprechend wendet er sich an den Kaiser; unter anderem schreibt er:

> An Gerichtsverhandlungen gegen Christen habe ich niemals teilgenommen; daher weiß ich nicht, was und in welchem Ausmaß man zu strafen und zu untersuchen pflegt. Ich habe nicht wenig geschwankt, ob das Lebensalter einen Unterschied macht oder ob in der Behandlung junger Menschen und Erwachsener ohne Unterschied verfahren wird, ob der Reue Gnade zu gewähren ist, oder ob es dem, der einmal Christ gewesen ist, nichts hilft, dass er es nicht mehr ist, ob allein der Name Christ (*nomen ipsum*), auch wenn keine Verbrechen vorliegen, oder ob nur mit dem Namen verbundene Verbrechen (*flagitia*) bestraft werden sollen. (Plinius, *Epistula* 10,96,1 f.)

In den folgenden Abschnitten des Briefes beschreibt Plinius, wie er bislang verfahren ist: Er hat die Beklagten befragt, ob sie Christen sind; wenn sie dies mehrfach bestätigt haben, hat er ihnen die Todesstrafe angedroht und sie abführen lassen, falls sie noch immer bei ihrer Aussage blieben, dass sie Christen seien. Grundsätzlich sei er so vorgegangen, dass er diejenigen, die leugneten, Christen zu sein oder gewesen zu sein, freigelassen habe, da sie die Götter mit einer von ihm vorgesprochenen Formel angerufen und dem Bild des Kaisers mit Weihrauch und Wein geopfert, schließlich Christus verflucht hätten, was wirkliche Christen auch unter Zwang nicht täten. Weiterhin bemerkt er, dass er bei den Christen lediglich Aberglauben festgestellt habe; aufgrund der großen Zahl der Angeklagten sehe er sich aber gezwungen zu handeln.

Plinius überliefert uns auch das Reskript des Kaisers, das er als Antwort auf seine Anfrage erhalten hat:

> In der Untersuchung der Fälle derjenigen, die bei Dir als Christen angezeigt wurden, hast Du das korrekte Verfahren angewendet, mein Secundus. Denn insgesamt lässt sich überhaupt nicht festlegen, was gleichsam als fest umrissene Vorschrift (*certa forma*) dienen könnte. Sie sollen nicht aufgespürt werden (*conquirendi non sunt*); werden sie jedoch angezeigt und überführt, sind sie zu bestrafen, jedoch in der Weise, dass derjenige, der leugnet, Christ zu sein und das durch die Tat, das heißt durch Anrufung unserer Götter, beweist, selbst wenn er in Bezug auf die Vergangenheit verdächtig bleibt, auf Grund seiner Reue Verzeihung erfährt. Anonym vorgelegte Klageschriften dürfen bei keinem Vergehen berücksichtigt werden. Denn das wäre ein sehr schlechtes Beispiel und passte nicht zu unserer Zeit. (Plinius, *Epistula* 10,97)

Wir haben es hier mit einem eigentümlichen Prozedere zu tun, welches für das römische Rechtswesen untypisch ist. Dieser Umstand wird auch von den Zeitgenossen bemerkt – sowohl von *pagani* wie von Christen. Der Umstand, dass nach Personen nicht gefahndet werden soll, die, wenn sie vor Gericht gebracht werden, ein Todesurteil erhalten, scheint auch den Beteiligten seltsam. Diese Spezifika lassen darauf schließen, dass der Staat kein wirkliches Interesse daran hat, Christen zu verfolgen und zu verurteilen; er tut dies nur dann, wenn konkrete Personen angeklagt werden. Um die Zahl der Klagen zu begrenzen, schreibt er fest, dass anonyme Anzeigen nicht zulässig seien. Bezeichnend ist auch, dass jemand, der leugnet, Christ zu sein, und dies belegt, indem er dem Kaiser opfert, freigesprochen wird, auch wenn man sicher weiß, dass er zuvor Christ war. Dass der Staat hier überhaupt handelt, scheint weniger damit zu tun zu haben, dass die christliche Religion nicht den Status einer ,erlaubten Religion' hat, als vielmehr mit der Tatsache, dass zuweilen ein massiver sozialer Druck entsteht, der sich darin äußert, dass zahlreiche Christen angezeigt werden.

In dem Prozess geht es ausschließlich darum festzustellen, ob der Beklagte Christ ist. Ebenso wie bei den Christenprozessen, die in neronischer Zeit stattfinden, ist also das *nomen Christianum* an sich das Delikt. Nur im Rahmen von Christenprozessen werden Christen aufgefordert, dem Kaiser zu opfern. Das Opfer dient als Beweis dafür, dass der Betreffende kein Christ (mehr) ist. Außerhalb derartiger Prozesse wird im 1. und 2. Jahrhundert gewöhnlich niemand verpflichtet, sich an Opfern zu beteiligen.

2.1.2 Verfolgungen seitens der Gesellschaft im 2. Jahrhundert

Sehr viel häufiger als Verfolgungen, die auf staatlicher Initiative beruhen, sind im 2. Jahrhundert solche, die von der Gesellschaft ausgehen. Diese können unterschiedliche Gestalt annehmen: Teils wird die Institution der staatlichen Christenprozesse in Anspruch genommen, indem eine große Zahl von Christen angezeigt wird, teils handelt es sich um tumultartige Ausschreitungen. Derartiges findet nicht regelmäßig statt, sondern beschränkt sich meist auf außerordentliche Situationen, in denen die Stimmung in der Gesellschaft angespannt ist und man einen ,Blitzableiter' sucht. Zur Zeit des Regierungsantritts Mark Aurels etwa kommt es verstärkt zu Epidemien, Hungersnöten, Barbareneinfällen im Westen wie im Osten des Reiches und zudem zu Überschwemmungen in Rom. In dieser Zeit wendet man sich entschieden gegen die Christen, die nicht opfern und sich damit nicht an den Bemühungen zur Versöhnung der Götter beteiligen. Tertullian bemerkt dazu:

Blitzableiter für angespannte Situationen

> Wenn der Tiber die Mauern überflutet, wenn der Nil die Felder nicht flutet, wenn der Himmel stehen bleibt, wenn die Erde sich bewegt, wenn Hunger herrscht, wenn eine Krankheit wütet, heißt es sofort: ,Die Christen vor den Löwen' (…).
> (Tertullian, *Apologeticum* 40,2)

Pogrome in Lyon und Vienne

Ein typisches Beispiel für die Verfolgung von Christen seitens der Bevölkerung sind die Pogrome in Lyon und Vienne im Jahre 177 gegen Ende der Regierungszeit Mark Aurels. Eusebius berichtet in seiner *Kirchengeschichte* (5,1) ausführlich von den Martyrien, die in dem Zusammenhang stattfinden, und zitiert dazu aus erhaltenen Berichten von Zeitzeugen. Er betont dabei, dass es sich um Verfolgungen durch die städtische Bewohnerschaft handelt. Christen werden demzufolge aufgespürt, gewaltsam aus ihren Wohnungen gezerrt, beschimpft, beraubt, vor den Statthalter geschafft, der sich dem Druck beugt und sie verurteilt, und schließlich ins Amphitheater verbracht, wo sie auf verschiedenste Weise den Tod finden. Wie viele Menschen betroffen sind, ist nicht bekannt.

2.1.3 Verfolgungen im 3. Jahrhundert

Während des 3. Jahrhunderts treten im römischen Reich wesentliche Veränderungen ein, die grundsätzliche Konflikte zwischen römischem Staat und christlicher Kirche nach sich ziehen. In dieser Zeit erlebt das Reich eine seiner schwersten Krisen. Die äußere Lage wie auch die Verhältnisse im Inneren verschlechtern sich zusehends. Den Kaisern gelingt es kaum mehr, die Herausforderungen zu bewältigen. Man ist schließlich so verzweifelt, dass man glaubt, die Götter hätten sich vom Imperium abgewandt. Die Römer sind von frühester Zeit an davon überzeugt, dass das Wohlergehen des Reiches vom Wohlwollen ihrer Götter abhänge. Deuten sich Misserfolge an, so bringen sie den Gottheiten Opfer dar, um sie wieder zu versöhnen. In dieser Situation nun scheinen die Probleme so groß, dass man es zum ersten Mal in der römischen Geschichte für erforderlich hält, sämtliche Reichsbewohner zur Beteiligung an den Opfern aufzurufen.

So erlässt Kaiser Decius (249–251) im Jahre 249 erstmalig ein allgemeines reichsweites Opferedikt, das ein Bittopfer (*supplicatio*) für die Götter anordnet. Sämtliche Reichsbewohner, Christen wie Nichtchristen, werden aufgefordert, ein Weihrauchopfer und eine Trankspende darzubringen sowie Opferfleisch zu verzehren. Dabei gibt es keine speziellen Regelungen für Christen. Der Kaiser intendiert keineswegs, die Christen zu verfolgen. Tatsächlich aber kommt es aufgrund der Tatsache, dass die meisten Christen sich weigern zu opfern, zu einer erheblichen Christenverfolgung. Die Christen werden gleichwohl nicht aus religiösen Gründen bekämpft, sondern aus politischen: Der Staat verlangt von ihnen nicht, ihrem Glauben abzuschwören, sondern fordert lediglich, dass sie sich an den Opfern beteiligen. Indem viele Christen diesen fernbleiben, dokumentieren sie aus staatlicher Sicht aber ihre mangelnde Loyalität gegenüber dem Imperium Romanum.

Decius erlässt Opferedikt

Der Staat setzt Kommissionen ein, welche die Erfüllung der Opfervorschriften überwachen sollen und darüber Bescheinigungen (*libelli*) ausstellen. Eine ganze Reihe von Christen kommt tatsächlich dem Opfergebot nach oder beschafft sich zumindest die entsprechenden Testate. Viele Kommissionen geben sich damit zufrieden, wenn Christen einige Körnchen Weihrauch streuen. Einige verzichten ganz auf das Opfer, wenn die Christen stattdessen einen Betrag entrichten. Anderen genügt es, wenn ein Christ seine Sklaven zum Opfer schickt. Die christlichen Gemeinden bezeichnen die Personen, die sich dem Opfergebot fügen – darunter nicht wenige Kleriker – als ‚Abgefallene' (*lapsi*). Über deren Anzahl sind wir nicht unterrichtet.

Der Kaiser fällt im Sommer 251 im Kampf gegen die Goten an der Donau. Die Behörden stellen daraufhin die Opferprozedur ein; die Verfolgungen werden beendet. Die Zahl der Märtyrer dürfte aufgrund der konzilianten Haltung vieler Kommissionen und des Entgegenkommens etlicher Christen geringer sein, als man erwarten könnte.

Seit Mitte der fünfziger Jahre verschlimmert sich die Lage des Reiches weiter. In verschiedenen Regionen sind die Grenzen bedroht; hinzu kommt eine Epidemie, die mehrere Provinzen ergreift. Man vermutet, den Zorn der Götter heraufbeschworen zu haben. Nun aber begnügt man sich nicht mit dem Erlass eines allgemeinen Opfergebotes, sondern wendet sich gezielt an diejenigen, die sich prinzipiell nicht an den Opfern beteiligen und daher für den Bruch der *pax deorum* (des Friedens seitens der Götter) verantwortlich scheinen.

Gesetze des Valerian

So erlässt Kaiser Valerian (253–260) zunächst im Jahre 257 ein Gesetz, mit dem speziell Kleriker aufgefordert werden, sich wieder den römischen Göttern zuzuwenden, die – so die Vorstellung – das Reich beschützen. Wer dem nicht nachkommt, soll verbannt werden. Christen, die kein kirchliches Amt innehaben, sind nicht betroffen. Auch wird die Ausübung der christlichen Religion nicht untersagt. Allerdings wird das Gemeindeleben durch das Vorgehen gegen die Kleriker aufs Empfindlichste gestört.

In einem zweiten Edikt von 258 geht Valerian noch weiter: Er schreibt unter anderem fest, dass Bischöfe, Presbyter und Diakone ohne weiteres hinzurichten seien. Senatoren und Ritter, die sich zum Christentum bekennen, sollen zunächst die Würde (*dignitas*), die mit ihrem sozialen Status verbunden ist, verlieren und anschließend ihrer Güter beraubt werden. Beharren sie dann noch immer darauf, Christen zu sein, sollen auch sie hingerichtet werden. Hier soll also wiederum entschieden gegen Kleriker vorgegangen werden. Hinzu kommt, dass alle Christen verfolgt werden, die der sozialen Elite angehören. Diese sollen degradiert werden, wenn sie sich nicht vom Christentum lossagen, und schlimmstenfalls zum Tode verurteilt werden. Ziel ist dabei nicht, sie zu töten, sondern sie zum Abfall vom Christentum zu veranlassen, so dass sie wieder an den herkömmlichen Kulthandlungen partizipieren.

Valerian geht es wie Decius darum, die Götter zu versöhnen, um eine Besserung der desolaten Lage des Reiches zu erzielen. Aus Sicht des Decius genügte es noch, wenn sämtliche Reichsbewohner opferten. Zur Zeit Valerians hat man staatlicherseits verstanden, dass die Christen dem mehrheitlich nicht nachkommen. Insofern geht man nun dazu über, das Christentum direkt zu bekämpfen, indem man durch die Verfolgung des Klerus die Gemeindestrukturen zu zerschlagen trachtet und die Angehörigen der Oberschichten zum Abfall vom Christentum zu motivieren sucht. Damit verändert sich die Verfolgung qualitativ; die Motivation aber ist unter beiden Kaisern die gleiche.

2.1.4 Verfolgungen im 4. Jahrhundert

Unter Diocletian (284–305) und seinen Mitregenten werden die Christen nach einigen Jahrzehnten weitgehender Ruhe erneut von Staats wegen verfolgt. Auslöser dafür ist ein böses Omen: Kurz nach Beendigung eines Krieges gegen die Perser (299/300) misslingt Diocletian in Antiochien eine Eingeweideschau. Nach Darstellung des zeitgenössischen christlichen Autors Laktanz erklärt man sich dies mit dem Umstand, dass bei den heiligen Handlungen gottlose Menschen zugegen gewesen und die Götter dadurch erzürnt worden seien (*De mortibus persecutorum* 10f.). Um die Gottheiten wieder zu versöhnen, fordert Diocletian zunächst alle Angehörigen des

Palastes und sämtliche Soldaten zum Opfer auf. Wer dem nicht nachkommt, wird körperlich gezüchtigt.

Im Anschluss daran werden weitere Maßnahmen durchgeführt, die sich
nun gezielt gegen die Christen richten. Das Apollon-Orakel von Milet soll
Diocletian angedeutet haben, dass speziell Christen für das Scheitern des
Opfers verantwortlich seien. Aufgrund dessen lässt Diocletian 303 in
Nikomedien in der Nähe des Kaiserpalastes eine Kirche einreißen sowie
heilige Schriften der Christen verbrennen. Kurz darauf veröffentlicht er ein
Edikt, das besagt, dass Kirchen bis auf den Grund zu zerstören und christ-   Edikte des Diocletian
liche Schriften ins Feuer zu werfen seien. Außerdem sollen Christen aus
öffentlichen Ämtern entfernt werden; die christlichen Angehörigen der
sozialen Elite sollen zudem ihre Privilegien, beispielsweise die Befreiung
von der Folter, einbüßen. Freigelassene Christen, die im kaiserlichen Dienst
tätig sind, sollen ihre Freiheit verlieren, wenn sie sich nicht vom Christentum lossagen. Überdies wird in dem Edikt festgeschrieben, dass alle Christen ihre Rechtsfähigkeit verlieren, so dass sie weder klagen, noch sich als
Beklagte vor Gericht verteidigen können.

Als dann im Palast Diocletians in Nikomedien ein Brand ausbricht, vermutet man die Schuldigen unter den Christen im Hofpersonal. Zunächst
werden Untersuchungen durchgeführt, um die Verantwortlichen auszumachen. Als diese zu keinem positiven Ergebnis führen, werden sämtliche
Palastangehörige verpflichtet zu opfern; wer dem nicht folgt, verliert sein
Leben.

Bald darauf werden Maßnahmen angeordnet, welche die Christen insgesamt treffen sollen. Den Anlass bilden offenbar Unruhen, die in den östlichen Provinzen ausgebrochen sind und die man ursächlich auf die Christen
zurückführt. Diocletian reagiert darauf mit zwei Edikten. Sie ordnen unter
anderem an, dass sämtliche Kleriker zu inhaftieren und zum Opfer anzuhal-
ten sind. Wenn sie sich widersetzen, sollen sie mit schwerer Folter bestraft
werden. Dadurch, dass sich diese Edikte gegen die Kleriker richten, wenden
sie sich gegen die Kirche als Institution und damit faktisch gegen alle Christen, indem sie das Gemeindeleben massiv beeinträchtigen. Im Frühjahr 304
wird in ähnlicher Weise wie unter Decius ein allgemeines Opferedikt veröffentlicht, das sich an die gesamte Reichsbevölkerung richtet. In jeder Stadt
sollen die Bewohner geschlossen den Götterbildern Tier- und Trankopfer
darbringen.

Diese Edikte sind zwar mit reichsweiter Gültigkeit erlassen, werden aber
in der Praxis in den verschiedenen Regionen des Reiches mit unterschiedlicher Intensität umgesetzt. Gleiches galt schon für die Edikte Valerians.
Genaue Daten haben wir hierzu freilich nicht. Bekannt ist, dass die Verfolgungen Diocletians und seiner Mitregenten im Osten entschiedener durchgeführt werden als im Westen. Dies dürfte vorrangig mit der deutlich stärkeren Verbreitung des Christentums im östlichen Reichsteil zu tun haben.
Nach Angaben des Eusebius sollen Britannien und Gallien, wo Constantius
Chlorus herrscht, weitgehend von den Verfolgungen verschont geblieben
sein. Ob diese Angabe dem tatsächlichen Geschehen gerecht wird, ist
schwer zu bestimmen, da Eusebius dazu tendiert, Constantius Chlorus als
dem Vater des späteren Kaisers Konstantin Affinitäten zum Christentum

zuzuschreiben, die er in Wirklichkeit wohl nicht hat. Nach der Abdankung Diocletians und seines Mitkaisers Maximian im Jahre 305 lassen die Verfolgungen nach. Im Westen enden sie in den meisten Regionen vollständig; im Osten dauern sie noch einige Jahre an, bis schließlich Kaiser Galerius ein Toleranzedikt erlässt (hierzu Teil II, Kap. 2.1).

2.1.5 Vergleich der Verfolgungen des 3. und 4. Jahrhunderts

Gemeinsamkeiten und Unterschiede

Auf den ersten Blick weisen die Verfolgungen unter Diocletian und seinen Mitherrschern wesentliche Gemeinsamkeiten mit denen ihrer Vorgänger im 3. Jahrhundert auf: so der Umstand eines allgemeinen Opferediktes, das uns schon bei Decius begegnet, und die Tatsache, dass – ähnlich wie unter Valerian – Maßnahmen gegen die Angehörigen des Klerus ergriffen und damit die christlichen Gemeinden gezielt beeinträchtigt werden. Eine weitere Gemeinsamkeit mit der valerianischen Verfolgung ist in dem Versuch zu sehen, die christlichen Angehörigen der sozialen Elite zu treffen.

Neben diesen Parallelen im Prozedere sind deutliche Unterschiede zwischen den diocletianischen Verfolgungen und denen der früheren Kaiser des 3. Jahrhunderts auszumachen. Sie sind vor allem in der Begründung und der Intention der Verfolgungen zu konstatieren. Decius und Valerian wollen, wie oben gesehen, alle Angehörigen des Reiches zur Partizipation an den Opfern motivieren. Bei Diocletian geht es primär um etwas anderes. Um die Verfolgungen unter seiner Regentschaft zu interpretieren, muss man die Begründung der politischen Ordnung dieser Zeit, der sogenannten Tetrarchie, in den Blick nehmen.

Tetrarchie

Um die massiven Probleme des Reiches zu lösen und zugleich seine eigene Herrschaft zu stabilisieren, ernennt Diocletian zunächst mit Maximian einen Mitkaiser (*caesar*) und erhebt diesen bald zu einem ihm beinahe gleichrangigen Kaiser (*augustus*). Er selbst kümmert sich primär um die Konflikte im Osten des Reiches und die östlichen Grenzen, während er Maximian den Westen zuweist. Angelegenheiten, die das Reich als Ganzes betreffen, regeln sie gemeinsam. Außerdem kann Diocletian als der ‚dienstältere‘ Kaiser (*senior augustus*) im Interesse des gesamten Reiches agieren. Da auch zwei Kaiser offenbar nicht genügen, um speziell die außenpolitischen Herausforderungen zu bewältigen, werden zwei weitere Mitkaiser (*caesares*) ernannt, die jeweils einem der beiden *augusti* zugewiesen werden. Das Regime besteht damit aus vier Regenten und wird entsprechend als ‚Tetrarchie‘ (‚Vierherrschaft‘) bezeichnet.

Religiöse Legitimation der Tetrarchie

Dieses System ist etwas grundsätzlich Neues. Um es zu legitimieren, bedarf es einer neuartigen Begründung. Diocletian entwickelt eine religiöse Legitimation: Die beiden *augusti* erhalten jeweils einen göttlichen Beinamen, Diocletian das *cognomen* Iovius, Maximian das Epitheton Herculius. Iovius meint einen Sohn des Jupiter, Herculius einen Sohn des Herkules. Durch die Verleihung dieser Attribute werden die beiden *augusti* zu Söhnen von Göttern erhoben. In gleicher Weise wird mit den *caesares* verfahren.

Die Kaiser sind damit nicht mehr selbst Götter; sie verstehen sich aber als von römischen Göttern eingesetzt, begreifen sich als Instrumente dieser Gottheiten. Wir können hier von einer Mischung von Gottkaisertum und

Gottesgnadentum sprechen: Gottkaisertum insofern, als die Kaiser noch als Söhne von Göttern gelten und in die göttliche Familie eintreten, Gottesgnadentum, da sie im Auftrag der römischen Götter herrschen.

Eine solche religiöse Legitimation politischer Herrschaft stellt in der römischen Geschichte ein Novum dar. Bereits seit republikanischer Zeit sind die Römer zwar – wie schon erwähnt – davon überzeugt, dass die Götter von entscheidender Bedeutung für das Wohlergehen des Reiches sind, dennoch wurde bislang nicht versucht, die politische Ordnung auf den Willen von Gottheiten zurückzuführen. Für das Verständnis entscheidend ist dabei, dass es sich um die herkömmlichen römischen Götter handelt. Auch wird die Vorstellung entwickelt, dass diese Götter selbst die Normen aufgestellt hätten, die sich in den Gesetzen des römischen Reiches konkretisieren.

In der religiösen Legitimation der Tetrarchie sieht die heutige Forschung einen wesentlichen Grund für die Christenverfolgungen der Zeit: Indem die Christen sich weigern, den römischen Göttern zu opfern, auf die die politische Ordnung nun gegründet wird, vergehen sie sich sowohl gegen den Staat als auch gegen dessen Götter. Sie machen sich eines politischen Vergehens schuldig und begehen zugleich ein Sakrileg. Ersteres gilt bereits für die Zeit des Decius und des Valerian, Letzteres aber bedeutet etwas Neuartiges in der römischen Geschichte, das erst aufgrund der neuartigen Herrschaftskonzeption der Tetrarchie und ihrer spezifischen Begründung möglich ist. Indem die politische Ordnung und ihre sozialen wie rechtlichen Normen nun religiös begründet werden, kann der Staat in religiöser Hinsicht prinzipiell nicht mehr tolerant sein. Er darf es nicht mehr zulassen, dass andere Götter verehrt werden als diejenigen, auf die er sich selbst beruft. Die Christen werden daher verfolgt, weil sie Christen sind. Dieser Umstand ist sogar weitaus bedeutsamer als die Tatsache, dass sie nicht opfern. Das Opfergebot dient jetzt – anders als unter Decius und Valerian – vor allem dazu, Christen zu identifizieren.

Sakrileg und politisches Vergehen

Die Forschung hat vielfach diskutiert, welche Auswirkungen die Verfolgungen auf die Kirche haben. Mehrheitlich vertritt man die Position, dass sie für die Kirche nicht existenzgefährdend waren, da durch sie nicht allzu viele Menschen abtrünnig wurden. Entschiedene staatliche Verfolgungen, die eine sehr große Zahl von Menschen das Leben kosten, stellen, wie wir gesehen haben, die Ausnahme dar. Während der Verfolgungen fallen viele Christen auch nicht bewusst von der Kirche ab: Selbst wenn sie den Opfergeboten des Decius und der Tetrarchen nachkommen, bedeutet das nicht, dass sie sich explizit von der Kirche abwenden. Dadurch entsteht aber ein Problem für die Gemeinden. Sie müssen sich klar werden, wie sie mit Personen verfahren wollen, die geopfert haben, aber Gemeindemitglieder bleiben möchten. In den meisten Fällen entschließen sie sich, es bei einer Buße zu belassen und die Betreffenden dann wieder als vollgültige Mitglieder zu akzeptieren. Schwieriger sind Entscheidungen, wenn Angehörige des Klerus sich den Forderungen des Staates gebeugt haben. Hierüber kommt es besonders in Nordafrika zu erheblichen Kontroversen, die in den Donatistenstreit mündeten (siehe dazu Teil II, Kap. 2.2).

Auswirkungen auf die Kirche

Man darf auch nicht meinen, die Verfolgungen hätten die Heiden in besonderer Weise vom Christentum abgeschreckt. Wir haben im Gegenteil Hinweise darauf, dass gerade die Martyrien eine besondere Faszination ausüben: Eine Religion, für die Menschen klaglos zu sterben bereit sind, scheint vielen Zeitgenossen zumindest nicht uninteressant. Die Forschung **Martyrium als** nimmt an, dass die Martyrien als eines der wichtigsten Missionsmittel **Missionsmittel** gewirkt haben. Gleichwohl ist zu bemerken, dass die Christen sie nicht aus diesem Grunde akzeptieren und teilweise sogar herbeisehnen: Die Motivation, ein Martyrium zu erleiden, besteht eher darin, das individuelle Seelenheil zu erlangen. So besteht die Vorstellung, dass ein Märtyrer direkt in den Himmel gelangt und das ewige Leben damit bereits erreicht hat.

2.2 Positionen der Christen zum Staat

2.2.1 Grundsätzliche Akzeptanz von Kaiser und Staat

In apostolischer Zeit verhalten sich die Christen dem römischen Staat gegenüber eher reserviert. Dies hat nichts mit einer grundsätzlich feindseligen Einstellung zu tun, sondern ist darauf zurückzuführen, dass die Christen im 1. Jahrhundert stark durch die Parusie-Erwartung geprägt sind. Dieser Umstand hat zur Konsequenz, dass sie sich zunächst kaum für ihre soziale Umwelt interessieren. Daher ist es ihnen auch im Wesentlichen gleichgültig, wie sie von den heidnischen Römern wahrgenommen werden.

Das bedeutet aber nicht, dass sich die Christen in dieser Zeit überhaupt nicht mit dem Imperium Romanum auseinandersetzen und sich keinerlei Gedanken darüber machen, wie sie sich dem Staat gegenüber verhalten sollen. Eine Frage, welche die allermeisten Christen, die freie Reichsbewohner **Christen und Steuern** sind, tangiert, betrifft die Zahlung unterschiedlichster Steuern und Abgaben. Entsprechend diskutieren Christen bereits im 1. Jahrhundert, ob sie Steuern entrichten sollten oder nicht. Einen Hinweis darauf finden wir im Brief des Paulus an die römische Gemeinde, der um die Mitte der 60er Jahre entstanden sein dürfte. Paulus schreibt in dem Zusammenhang in Kapitel 13:

 Jeder leiste den Trägern der staatlichen Gewalt den schuldigen Gehorsam. Denn es gibt keine staatliche Gewalt, die nicht von Gott stammt; jede ist von Gott eingesetzt. (Römer 13,1)

Im Abschnitt 7 des gleichen Kapitels fährt er – unter Rekurs auf das Wort vom Zinsgroschen – fort:

Gebt allen, was ihr ihnen schuldig seid, sei es Steuer oder Zoll, sei es Furcht oder Ehre.

Diese Aussage zielt allerdings nicht so sehr darauf, für eine positive Haltung der Christen zum Staat zu werben. Auch soll die Relation von Christen zum Staat offenbar nicht systematisch geklärt werden. Paulus ist vielmehr bestrebt, die Christen davon abzuhalten, Konflikte mit dem Staat heraufzubeschwören, und sie zu ermutigen, sich auf ihr eigentliches Ziel zu konzentrieren: das Jüngste Gericht und das ewige Leben. Dies verdeutlicht der Abschnitt 11 des gleichen Briefkapitels, wo er bemerkt:

> Bedenkt die gegenwärtige Zeit: Die Stunde ist gekommen, aufzustehen vom
> Schlaf. Denn jetzt ist das Heil uns näher als zu der Zeit, da wir gläubig wurden.   Q

Wie sich diese Formulierungen genau kontextuell verorten lassen, ist bis heute unter den Kommentatoren des Römerbriefes umstritten. Es scheint sich so zu verhalten, dass eine Minderheit von Christen, motiviert durch die Parusie-Erwartung, die Ansicht vertritt, sie könne sich den Forderungen des Staates gänzlich entziehen, was sich darin äußert, dass sie darüber nachdenkt, Steuerzahlungen zu verweigern. Dieser Haltung sucht Paulus offensichtlich entgegenzutreten.

Spätestens gegen Ende des 1. Jahrhunderts aber kommt es zu einschneidenden Veränderungen. Die Anhänger der christlichen Religion gelangen in ihrer Mehrzahl zu der Einschätzung, dass die Rückkehr Christi wohl doch nicht unmittelbar bevorsteht und sie noch für längere Zeit in der irdischen Gesellschaft verweilen müssen. Daraus ergibt sich die Frage, wie die Christen sich hier adäquat verhalten können. In dem Zusammenhang setzt man sich auch grundsätzlicher als zuvor mit der Position des Paulus auseinander.

Ein Beispiel dafür sind die Ausführungen des Bischofs Irenaeus von Lyon in seiner Schrift *Adversus haereses* (5,24), die er in der zweiten Hälfte des 2. Jahrhunderts schreibt. Er wendet sich gegen die gnostische Vorstellung, dass irdische Gewalten als dämonische Mächte zu verstehen und damit – dem dualistischen Weltbild der Gnostiker entsprechend – dem göttlichen Prinzip entgegengesetzt seien. Um diese Position zu widerlegen, führt Irenaeus die Sentenz des Paulus an, der gemäß alle irdischen Gewalten von Gott eingesetzt seien. Allerdings relativiert er dessen Aussage ein wenig, indem er bemerkt, dass die weltliche Herrschaft primär für die Heiden eingerichtet worden sei, die keine Furcht vor Gott hätten und daher der Furcht vor dem Schwert der Obrigkeit bedürften. Überdies konstatiert er, dass irdische Gewalten im Unterschied zu Gott nur einen gewissen Grad an Gerechtigkeit herstellen könnten. Das rechtfertigt jedoch seinem Verständnis nach kein ungerechtes Verhalten seitens der Beherrschten. Ungerechte Herrscher würden ihre Strafe durch Gott erhalten. Manches, was als ungerecht erscheine, sei gar auf Gottes Willen zurückzuführen. Widerstand ist damit seiner Ansicht nach nicht zulässig.

Mit dieser Einschätzung steht Irenaeus prinzipiell in der Tradition des Paulus; er geht aber noch über den Apostel hinaus, indem er die Frage nach Widerstand in grundsätzlicher Manier anspricht und sich auch mit der Qualität irdischer Herrschaft auseinandersetzt, indem er unter anderem konkret fragt, ob einem ungerechten Herrscher nicht vielleicht anders zu begegnen sei als einem gerechten. Dies negiert er jedoch. Irenaeus reagiert damit auf eine skeptische Einschätzung, die mit großer Wahrscheinlichkeit nicht nur gnostisch geprägt ist, sondern überdies damit zusammenhängt, dass der Bischof in einer Zeit schreibt, in der es in Lyon und Vienne zu schweren Ausschreitungen und pogromartigen Verfolgungen von Christen kommt, was so manchen Christen offenbar am Staat zweifeln lässt.

Eine ähnliche Einstellung findet sich einige Jahrzehnte später im Daniel-Kommentar des Hippolytos von Rom. Auch dieser ist durch die Erfahrung

Irenaeus von Lyon

Hippolytos von Rom

21

von Verfolgung geprägt, hofft auf ein baldiges Ende des römischen Reiches, betont aber dennoch, dass selbst gegen ungerechte Staatsgewalt kein Widerstand gestattet sei.

Die gleiche Position begegnet sogar in vielen **Märtyrerakten** der Zeit.

E

Märtyrerakten

Unter dem Begriff ‚Märtyrerakten' (*acta martyrum*) werden unterschiedliche Text-gattungen zusammengefasst, die im Zusammenhang mit Märtyrerprozessen ste-hen: So meint er offizielle Schriftstücke über die Verhöre (*acta* oder *gesta*), aber auch inoffizielle Mitteilungen von Zeitzeugen sowie spätere Berichte über Marty-rien, die auf älteren Akten beruhen. Sie sind abzugrenzen von den sogenannten ‚Märtyrerlegenden', die in geringerem Maße auf zeitgenössischen Dokumenten gründen und von ihren Autoren stärker ausgeschmückt werden.

Allerdings gehen diese vielfach einen entscheidenden Schritt weiter. Sie berufen sich nicht allein auf Paulus, sondern auch auf die Formulierung aus der Apostelgeschichte 5,29: *„Man muss Gott mehr gehorchen als den Men-schen"*. Grund dafür ist, dass Christen im Kontext von Verfolgungen einen grundsätzlichen Konflikt zwischen christlichem Gebot und staatlichen For-derungen zu gewärtigen haben: In Christenprozessen verlangen die staatli-chen Amtsträger von ihnen, dem Kaiser zu opfern, falls sie leugnen, Chris-ten zu sein (vgl. oben Kap. 2.1.1). Nicht wenige Christen beugen sich, um dem Todesurteil zu entgehen, welches sie zu erwarten haben, wenn sie sich zu ihrem Christsein bekennen. In Reaktion darauf betonen die christlichen Autoren einmütig, dass in dieser speziellen Situation Widerstand gegen den Staat zulässig, ja sogar obligatorisch sei. Konkret heißt das, Christen sollten sich nun explizit zu ihrem Gott bekennen und in jedem Fall das Opfer für den Kaiser ablehnen.

Die Mehrzahl der Aussagen, die uns von Christen des 2. und 3. Jahrhun-derts über die Relation von Christentum und Staat vorliegen, sind jedoch ausdrücklich affirmativ. Das gilt besonders für solche, die in apologetischer Absicht, das heißt zum Zweck der Verteidigung, formuliert werden. Hier spielt der Rekurs auf Paulus wieder eine entscheidende Rolle. Dabei wird deutlich, dass die Sentenz des Paulus von erheblicher Komplexität ist und unterschiedlich rezipiert werden kann: So lassen sich aus ihr zwei verschie-dene Aussagen über das Verhältnis von göttlicher und weltlicher Macht ableiten. Zum einen ist ein Subordinationszusammenhang zwischen den

Modelle der Relation von Gott und Kaiser

beiden Mächten herzustellen. Die weltliche Macht wird hier der göttlichen unterstellt. Dazu bemerkt man nicht nur, dass die irdischen Herrschafts-träger von Gott eingesetzt sind, sondern betont, dass sie in seinem Auftrag, seiner Intention gemäß und seinen Normen entsprechend agieren. Der irdischen Herrschaft wird dabei sogar eine Rolle im göttlichen Heilsplan zugeschrieben, indem sie die Verbreitung der christlichen Religion im römischen Reich unterstütze. Zum anderen werden göttliche und mensch-liche Gewalt in inhaltlicher Hinsicht ‚parallelisiert'. Hier wird zwar auch vorausgesetzt, dass die irdischen Machtträger von Gott eingesetzt sind; der irdische Staat dient aber allein irdischen Zwecken und hat keine direkte soteriologische Bedeutung. Letzteres geschieht, wenn ausgesagt wird, dass beiden – göttlicher und menschlicher Gewalt – zu geben ist, was ihnen jeweils zukommt. Dabei wird expliziert, dass ihnen Unterschiedliches zusteht – etwa indem man sagt, die irdischen Gewalten verdienten Gehorsam, Gott hingegen Verehrung. Wir können in dieser Rezeption einen Ansatz zur späteren Zwei-Gewalten-Lehre konstatieren (siehe dazu Teil II, Kap. 1.3.2). Ein Beispiel für ein solches Verständnis der Sentenz des Paulus findet sich in Tertullians Schrift *De idololatria*:

> ‚Man muss dem Kaiser geben, was des Kaisers ist.‘ Gut, dass er hinzugefügt hat: ‚Und was Gottes ist, muss man Gott geben.‘ Was also steht dem Kaiser zu? Freilich das, weshalb damals die Frage aufgeworfen wurde, ob man dem Kaiser Steuern zu zahlen habe oder nicht. Deshalb verlangte der Herr, dass ihm die Münze gezeigt werde, und fragte hinsichtlich des Bildes auf der Münze, wessen es sei. Als er hörte, dass es das Bild des Kaisers sei, sagte er, ‚gebt dem Kaiser, was des Kaisers, und Gott, was Gottes ist‘, das heißt das Bild des Kaisers, das sich auf der Münze befindet, dem Kaiser, und das Bild Gottes, welches im Menschen liegt, Gott, so dass du dem Kaiser Geld gibst, Gott aber dich selbst. (Tertullian, *De idololatria* 15,3)

Dieses Modell der Relation von Gott und Kaiser wird vorzugsweise in Texten formuliert, die an christliche Adressaten gerichtet und damit dem innerchristlichen Diskurs zuzuordnen sind. Es kann unter anderem eingesetzt werden, um den Anspruch des Kaisers zu relativieren, beispielsweise indem man formuliert, dass der Bezug auf Gott vor der Orientierung am Kaiser rangiert, oder betont, dass in bestimmten Situationen allein Gott zu gehorchen ist. Für pagane Leser wäre das höchst missverständlich.

Das andere Modell, also der Subordinationszusammenhang, bei dem irdische Gewalt nicht nur formal, sondern auch inhaltlich aus der göttlichen deduziert wird, findet sich vorrangig in apologetischen Texten. Diese sind an *pagani* adressiert, beispielsweise an den Kaiser, einen staatlichen Funktionsträger wie einen Statthalter oder auch an den Senat in Rom. Sie werden aber auch von Christen gelesen. Zum Teil entstehen sie als Reaktion auf Verfolgungen. Indem man hier die kaiserliche Gewalt aus der des Christengottes herleitet, möchte man zum Ausdruck bringen, dass die Christen keineswegs Feinde des Kaisers, sondern sogar besonders gute Bürger seien. Dieses Vorgehen mag erstaunen, da der Kaiser hier stärker mit dem Christengott in Verbindung gebracht wird, als wenn man die beiden Mächte nebeneinander stellt. Angesichts der Tatsache, dass die Kaiser im von uns betrachteten Zeitraum das Christentum noch nicht zu den erlaubten und staatlich geförderten Kulten zählen, geschweige denn selbst Christen sind, könnte dies verwundern. Dass dieser Ansatz dennoch gewählt wird, dürfte darauf zurückzuführen sein, dass er sich – aus christlicher Sicht – trefflich eignet, um dem Kaiser zu vermitteln, dass die Christen ihm, indem sie ihn als vom einzigen Gott Beauftragten verstehen, eine höhere Position einräumen, als es die *pagani* tun.

Ein Beispiel für diese Auffassung findet sich in Tertullians Schrift *Ad Scapulam*. Scapula amtiert 212/13 als Prokonsul der Provinz *Africa Proconsularis* und führt dort Verfolgungen durch. In Reaktion darauf schreibt Tertullian zur Haltung der Christen zum Staat:

> So werden wir auch hinsichtlich der Majestät des Kaisers zu Unrecht beschuldigt (…). Ein Christ ist niemandes Feind, ganz besonders nicht der des Kaisers, von dem er weiß, dass er von Gott eingesetzt ist. Es ist notwendig, dass er den Kaiser liebt, fürchtet, ehrt und sein Wohlergehen wünscht, zusammen mit dem Wohl des ganzen römischen Reiches, solange die Welt besteht, so lange wird es auch bestehen. Wir verehren also auch den Kaiser und zwar in einer Weise, in der es uns erlaubt ist und ihm nützt, das heißt als einen Menschen, der den zweiten Rang hinter Gott innehat, und der das, was er hat, von Gott erlangt hat, und der einzig geringer ist als Gott. Das wird er auch selbst wollen. So ist er nämlich größer als alle, während er nur kleiner ist als der eine Gott. So ist er auch größer als die Götter selbst, wobei sie selbst in seiner Macht stehen. (Tertullian, *Ad Scapulam* 2,5–7)

Mit den Göttern sind die paganen Gottheiten gemeint. Eine entscheidende Frage in dem Zusammenhang, die auch in diesem Text angesprochen wird, ist die, wie die Christen den Kaiser verehren. Diese wird besonders in apologetischen Kontexten erörtert. Die christlichen Autoren bemühen sich hier zu vermitteln, warum Christen nicht am Kaiserkult teilhaben und dem Kaiser beziehungsweise seinem *genius* nicht opfern können. Christen sind zwar – wie auch alle anderen Reichsbewohner – im Normalfall nicht verpflichtet, am Kaiserkult zu partizipieren, sie geraten aber durch ihr Fernbleiben in eine soziale Außenseiterposition, was schlimmstenfalls zu Verfolgungen führt. Um dem entgegenzuwirken und damit allen Zweifeln an der Loyalität von Christen gegenüber dem Staat zu begegnen, entwickeln christliche Autoren eine Alternative zum Opfer, die sie auch als solche präsentieren: das Gebet für den Kaiser. Auch hier kann man sich auf Paulus berufen. Im ersten Timotheus-Brief heißt es dazu:

Gebet für den Kaiser

> Vor allem fordere ich zu Bitten und Gebeten, zu Fürbitte und Danksagung auf, und zwar für alle Menschen, für die Herrscher und für alle, die Macht ausüben, damit wir in aller Frömmigkeit und Rechtschaffenheit ungestört und ruhig leben können. (1 Timotheus 2,1 f.)

Gegenstand der Gebete sind etwa das Wohl des Kaisers und der Friede im Reich. Im *Apologeticum* Tertullians heißt es dazu unter anderem:

> Dorthin blicken wir Christen mit ausgebreiteten Händen empor, weil unsere Hände unschuldig sind, mit unbedecktem Haupt, weil wir nicht zu erröten brauchen, und ohne Vorsprecher, weil wir aus dem Herzen beten. Wir erflehen dabei stets für alle Kaiser ein langes Leben, eine sichere Herrschaft, ein geschütztes Haus, tapfere Heere, einen treuen Senat, ein tüchtiges Volk, eine ruhige Welt und welches auch immer die Wünsche eines Menschen und eines Kaisers sind. (Tertullian, *Apologeticum* 30,4)

Zentral ist aus Sicht Tertullians weiterhin, dass die Christen um den Fortbestand des Reiches beten. Das formuliert er nicht nur an die Adresse staatlicher Funktionsträger, sondern auch an Christen gewendet. An sie gerichtet, bemerkt er:

> Es gibt für uns noch eine andere, höhere Notwendigkeit, für die Kaiser zu beten, auch für den Bestand des Reiches als Ganzes und das römische Gemeinwesen: die Tatsache, dass wir wissen, dass das außerordentlich große Unheil, welches der ganzen Welt bevorsteht, und sogar das Weltende, das mit furchtbarer Härte droht, durch die Versorgung des römischen Reiches aufgehalten werden kann. Daher wollen wir diese Erfahrung nicht machen und fördern, dass die Existenz des römischen Reiches, solange wir beten, verlängert werde. (Tertullian, *Apologeticum* 32,1)

Für die Christen, die über das römische Bürgerrecht verfügen, ist damit selbstverständlich, dass sie Bürger des irdischen Staates sind. Das bedeutet nach ihrem Verständnis, dass sie sich an fast allem beteiligen, was hier geschieht. Ausdrücklich heben sie hervor, sich an den Gesetzen zu orientieren; nach Aussage einiger Christen sogar in höherem Maße als die paganen Mitbürger. Eine Besonderheit liegt bei ihnen jedoch darin, dass sie nicht ausschließlich diesem Staat angehören, sondern sich zugleich auf einen anderen, ewigen beziehen. Sie sind Bürger des irdischen wie des himmlischen Staates – im Unterschied zu den *pagani*, die allein an Ersterem teilhaben. Das bedeutet, dass sie sich nicht exklusiv mit dem irdischen Staat identifizieren. Aufgrund der Tatsache, dass der Bezug auf den himmlischen Staat der primäre ist, weisen sie eine gewisse Distanz zum irdischen auf. Sie verhalten sich in vielen Bereichen nicht anders als andere Bürger, zeigen aber eine abweichende Haltung zu den weltlichen Dingen.

Christen: Bürger des irdischen wie des himmlischen Staates

2.2.2 Römische Geschichte und christliche Erlösungsgeschichte

Wir haben im vorigen Abschnitt gesehen, dass die Christen auch für den Fortbestand des Reiches beten. Dies mutet zunächst eigentümlich an, wenn man bedenkt, dass die Christen noch in apostolischer Zeit auf das baldige Ende der irdischen Existenz gehofft haben. Die eschatologische Hoffnung bleibt auch in der Folgezeit wesentliches Element im Christentum, allerdings erwarten die meisten das Ende nicht mehr für die allernächste Zukunft. Dieser Umstand wird nicht allein als Problem empfunden, sondern auch als Chance begriffen: So wird die Vorstellung entwickelt, dass sich die verbleibende Zeit nutzen lässt, um die Mission fortzusetzen und somit eine möglichst große Zahl von Menschen für den christlichen Glauben zu gewinnen und der Erlösung zuzuführen.

Eine wichtige Voraussetzung für diese Haltung ist die Überzeugung, dass das Imperium Romanum das letzte der irdischen Reiche darstellt und ebenso wie die vorherigen enden wird. Dabei existieren verschiedene Modelle über den Ablauf der Reiche, die in hellenistischer Zeit herausgebildet worden sind und nun von den Christen aufgegriffen werden. Zum Teil werden fünf Reiche angenommen, wobei dem römischen das der Assyrer, der Meder, Perser und Ägypter vorausgehen. Daneben gibt es verschiedene Vier-Reiche-Modelle, in denen das römische Reich etwa auf das assyrisch-babylonische, das medisch-persische und das griechisch-makedonische folgt.

In seinem Kommentar zum Buch Daniel, das seinerseits im Hellenismus entstanden ist, greift Hippolytos zudem das Bild des Propheten von den vier

Vier- oder Fünf-Reiche-Modelle

Tieren auf, die mit den Reichen gleichgesetzt werden: eine Löwin mit dem Reich der Babylonier, einen Bären mit dem der Perser, einen Panther mit dem der Griechen und ein „außerordentlich furchtbares und schreckliches Tier mit Zähnen aus Eisen und Klauen aus Erz", das mit dem römischen Reich in Verbindung gebracht wird. Nachdem dieses vierte Tier vorbeigegangen sein wird, werde der himmlische König erscheinen (*In Danielem prophetam commentarius* 4,8,1 f.).

Im Anschluss an das römische Reich erwarten sich viele Christen die Ankunft des Antichrist, die aber durch den Fortbestand des Imperium Romanum noch aufgeschoben wird – so eine verbreitete Überzeugung. Voraussetzung für derartige Spekulationen ist, dass römische Geschichte und christliche Erlösungsgeschichte miteinander verknüpft werden. Dies lässt sich erstmals bei Melito von Sardes im letzten Drittel des 2. Jahrhunderts nachweisen. In einer apologetischen Schrift, von der uns allerdings nur Fragmente bekannt sind, weist er auf das zeitgleiche Auftreten Christi und des römischen Kaisers Augustus hin. Diese zeitliche Parallele ist seinem Verständnis nach nicht zufälliger Natur, sondern auf die Vorsehung Gottes zurückzuführen. Seit der Zeit des Augustus habe sich das römische Reich unter Einfluss des Christengottes außerordentlich günstig entwickelt – so Melito: Das Reich habe sich ausgedehnt, es herrsche Frieden, die allermeisten Kaiser seien den Christen wohlgesonnen, so dass das Christentum seinerseits günstige Bedingungen für seine Ausbreitung im Reich finde. Umgekehrt gereichten die Christen dem römischen Reich zum Nutzen. Die Relation von Christentum und römischem Staat wird hier uneingeschränkt positiv gefasst. Die Probleme, welche die Christen zu gewärtigen haben, übergeht Melito im Wesentlichen. Die Tatsache, dass die Kaiser selbst den propagierten Nexus von christlicher Religion und römischem Reich noch keineswegs für sich angenommen haben, wird gleichsam ausgeblendet. Von den Verfolgungen erwähnt er allein diejenigen unter Nero und unter Domitian, bemerkt jedoch, dass die anderen Kaiser deren Fehlverhalten, welches er auf Unwissenheit zurückführt, kompensiert hätten (Eusebius, *Historia ecclesiastica* 4,26,4–11).

Diese Vorstellung wird im Osten wie im Westen des Reiches von christlichen Autoren aufgenommen und auch weiterentwickelt. Gleichwohl finden sich hierzu auch kritische Stimmen unter den Christen. Sie werden insbesondere in Zeiten von Christenverfolgungen laut. In solchen Situationen wird der Umstand in den Vordergrund gerückt, dass das Imperium Romanum als das letzte der irdischen Reiche aufzufassen sei und nach seinem voraussichtlich baldigen Ende durch ein christliches Reich abgelöst werde. Hier wird eine Eschatologie-Hoffnung deutlich, die an die Parusie-Erwartung der apostolischen Zeit erinnert. Diese eschatologische Erwartung lässt sich erstmals gegen Ende des 1. Jahrhunderts in der Apokalypse des Johannes nachweisen. Für das 2. und 3. Jahrhundert ist diese Haltung – soweit es sich auf der Basis der überlieferten Texte beurteilen lässt – eher untypisch. Sie begegnet nur vereinzelt, etwa beim schon erwähnten Hippolytos von Rom, der Anfang des 3. Jahrhunderts, geprägt durch Verfolgungserfahrung, unter anderem seinen Kommentar zum Buch Daniel schreibt. Besonders ausgeprägt ist diese Position hingegen zu Beginn des 4. Jahrhunderts wäh-

Melito von Sardes

Rezeption und Kritik der erlösungsgeschichtlichen Spekulationen

rend der massiven staatlich initiierten Christenverfolgungen unter Diocletian und seinen Mitkaisern.

2.2.3 Aktive Beteiligung von Christen am römischen Staat

Ein anderes Thema, das in dem Zusammenhang unter Christen intensiv diskutiert wird, ist, inwieweit sie sich am römischen Reich aktiv beteiligen, das heißt öffentliche Ämter ausüben oder als Soldaten tätig werden können.

Die Frage nach der Ausübung von Ämtern stellt sich konkret vor allem in den östlichen Provinzen, wo sich bereits im ausgehenden 2. Jahrhundert etliche Personen dem Christentum zugewandt haben, die der sozialen Oberschicht angehören. Von diesen erwartet die Umwelt, dass sie in den Städten politische Funktionen übernehmen. Viele derartige Christen sind wohl auch selbst interessiert, sich in ihrer Stadt zu engagieren, zumal wenn sie aus Familien stammen, in denen solche Betätigung seit Generationen üblich ist. Das entscheidende Problem, welches christliche Autoren hierbei immer wieder herausstreichen, ist die Tatsache, dass Amtsträger es kaum vermeiden können, im Rahmen ihrer Tätigkeit Opfer darzubringen. Daraus ziehen sie unterschiedliche Konsequenzen: *(Bekleidung von Ämtern)*

Tertullian etwa vertritt in seiner Schrift *De idololatria* die Ansicht, dass es nahezu unmöglich sei, sich als Amtsträger von paganen kultischen Handlungen fernzuhalten. Er stellt in der Hinsicht besonders hohe Anforderungen, indem er dem christlichen Amtsträger nicht nur den aktiven Vollzug des Opfers untersagt, sondern ihm überdies nicht einmal zugesteht, diese Aufgabe einem anderen zu übertragen. Selbst die bloße physische Präsenz eines Magistrats bei einer Opferhandlung wertet er als Götzendienst (*idololatria*). Ein weiteres Problem sieht er darin, dass Inhaber von Ämtern, die richterliche Funktion erfüllen, in die Lage kommen, Todesurteile fällen zu müssen, was er aus christlicher Sicht gleichfalls für inakzeptabel hält. Freilich scheint seine Position auch für den Westen rigoros. Sie wird keinesfalls von allen Christen geteilt. So wissen wir aus Grabinschriften von einigen Christen, die dem Senatorenstand angehören und hohe öffentliche Ämter bekleiden. Auch in der literarischen Überlieferung haben wir Hinweise darauf. *(Tertullian über christliche Amtsträger)*

Im Osten, wo die Frage nach der Bekleidung öffentlicher Ämter durch Christen von größerer praktischer Bedeutung ist, äußern sich die Kirchenvertreter etwas kompromissbereiter. Insbesondere zeigen sie größeres Verständnis für das Bedürfnis einer erheblichen Zahl von Personen, sich entsprechend zu betätigen. Das allerdings muss nicht dazu führen, dass sie dafür plädieren, diesem Wunsch uneingeschränkt nachzugeben. Vielmehr gibt es noch einen anderen Weg, mit der Thematik umzugehen: Man empfiehlt stattdessen, Leitungsfunktionen in der christlichen Gemeinde zu übernehmen und auf diese Weise – so die Vorstellung – Leistungen für sämtliche Menschen zu erbringen. Dies wird auch angesichts der Vorwürfe aus der heidnischen Umwelt formuliert, die den Christen vorhalten, öffentliches Engagement zu verweigern. *(Positionen im Osten)*

Die zweite Frage, die im Zusammenhang mit der Beteiligung von Christen am staatlichen Leben gestellt wird, zielt darauf ab, ob Christen als Soldaten tätig sein können. Spätestens in der zweiten Hälfte des 2. Jahrhun- *(Christen als Soldaten)* derts erlangt diese Frage praktische Relevanz. In der Zeit sind bereits etliche Christen im Heer tätig; genaue Zahlen sind uns nicht bekannt. Da die Angelegenheit in der christlichen Literatur intensiv behandelt wird – Tertullian beispielsweise widmet ihr mit *De corona militis* eine ganze Schrift –, kann es sich schwerlich um ein marginales Problem handeln.

Christliche Soldaten sind meist Männer, die sich dem Christentum zuwenden, wenn sie bereits Soldaten sind; der umgekehrte Fall, dass jemand als Christ den Soldatenberuf ergreift, ist in dieser Zeit wohl äußerst selten. Die Schwierigkeit, mit der sich diese Heeresangehörigen konfrontiert sehen, besteht zum einen darin, dass sie in ihrer Tätigkeit mit großer Wahrscheinlichkeit zu töten haben, zum anderen in der Tatsache, dass sie als Soldaten an paganen Kultpraktiken teilnehmen müssen. Wir wissen von etlichen Soldaten, die das Opfer verweigern und daraufhin den Märtyrertod sterben – insbesondere in der Zeit der Tetrarchie. Das aber dürfte nicht die Regel sein, auch wenn die christliche Literatur gerade diesen Personen besondere Aufmerksamkeit schenkt.

Die Auseinandersetzung christlicher Autoren mit der Thematik ist komplex. Neben Argumenten gegen den Kriegsdienst finden sich solche, die ihn rechtfertigen. Beide werden jeweils mit Bibelstellen belegt.

Contra-Argumente   Um gegen den Militärdienst zu argumentieren, führt man besonders die Schwerthiebszene im Garten von Getsemani an, in der Jesus, als er verhaftet werden soll, zu einem seiner Begleiter, der das Schwert zückt und dem Sklaven des Hohenpriesters ein Ohr abschlägt, unter anderem sagt:

> **Q** Steck dein Schwert in die Scheide; denn alle, die zum Schwert greifen, werden durch das Schwert umkommen. (Matthäus 26,52)

Hier geht es also speziell um das Moment der Gewaltanwendung, das abgelehnt wird. Daneben gibt es Aussagen, die unspezifischer sind und auch in anderen Kontexten herangezogen werden, darunter Matthäus 6,24:

> **Q** Niemand kann zwei Herren dienen; er wird entweder den einen hassen und den anderen lieben oder er wird zu dem einen halten und den anderen verachten. Ihr könnt nicht beiden dienen, Gott und dem Mammon.

Der Mammon wird dabei mit dem Donativ, dem Geldgeschenk, welches der Kaiser in bestimmten Situationen an die Soldaten macht, identifiziert.

Tertullian beispielsweise empfiehlt Männern, die sich zum Glauben bekennen, nachdem sie bereits Soldaten geworden sind, den Dienst zu quittieren. Sollte das nicht möglich sein, so müssten sie zumindest alles Tun vermeiden, was sich gegen Gott wendet. Dabei legt Tertullian die gleichen Maßstäbe an wie an eine Zivilperson: Ein Soldat hat nach seinem Verständnis als Christ den gleichen Normen zu entsprechen wie ein Zivilist und muss damit rechnen, dass er auch von Gott mit dem gleichen Maßstab gemessen wird wie andere Christen. Tertullian wendet sich damit gegen die von Heiden wie von vielen Christen vertretene Auffassung, dass Soldaten

Verhaltensweisen zuzugestehen seien, die im zivilen Leben inakzeptabel sind.

Die meisten Autoren, die sich gegen den Kriegsdienst aussprechen, betonen, dass diese Haltung keineswegs bedeute, dass Christen sich der Teilhabe am römischen Reich verweigern. So verweisen sie auch in diesem Kontext darauf, dass Christen für den Kaiser beten und dem Kaiser und Reich damit mindestens so effektiv dienen wie die Soldaten. Auch an der Berechtigung von Kriegen äußern sie gewöhnlich keine Zweifel.

Daneben machen die Christen auch biblische Aussagen aus, die sich heranziehen lassen, um zugunsten der Beteiligung am Kriegsdienst zu argumentieren. Dazu zählt die Formulierung des Paulus, ein jeder solle in dem Stand bleiben, in dem ihn der Ruf Gottes getroffen habe (1 Korinther 7,20). Ein anderes Beispiel ist eine Stelle aus dem Lukas-Evangelium, in der Johannes der Täufer den Soldaten, die sich an ihn mit der Frage wenden, was sie tun sollten, sagt, sie sollten niemanden misshandeln oder erpressen und sich mit ihrem Sold begnügen (Lukas 3,14). Die Formulierung kann in dem Sinne gedeutet werden, dass der Kriegsdienst aus christlicher Sicht keineswegs verboten ist, dass die Soldaten aber den üblichen ethischen Maßstäben zu genügen haben, welche nicht originär christlich sind.

Ein weiteres Argument, das immer wieder verwendet wird, um sich zugunsten des Kriegsdienstes zu äußern, stammt aus dem 2. Jahrhundert: Es ist das sogenannte Regenwunder im Quadenland. Über dieses berichten verschiedene heidnische wie christliche Quellen, dass Kaiser Mark Aurel während der Markomannenkämpfe in große Bedrängnis geraten sei, weil seine Truppen, die er zur Schlacht gegen die Germanen und die Sarmaten aufgestellt hatte, von Durst gequält wurden. In der Situation sollen die Soldaten der Melitenischen Legion niedergekniet sein und sich flehentlich an Gott gewandt haben. Dieser Anblick soll den Feinden als ein Wunder erschienen sein. Sogleich ereignete sich ein noch weitaus größeres Wunder: Ein heftiges Gewitter zog auf, das die Feinde in die Flucht schlug sowie Regen über die Truppe brachte, die zu Gott gebetet hatte, so dass der Durst des römischen Heeres gestillt wurde.

Pro-Argumente

3. Christentum und römische Gesellschaft

3.1 Die Stellung der Frau

Von der apostolischen Zeit an sind Frauen entscheidend an der Verbreitung der christlichen Religion beteiligt. Dies gilt speziell für Frauen, die über die Unabhängigkeit und die finanziellen Ressourcen verfügen, welche es ihnen ermöglichen, zu reisen beziehungsweise reisende Christen bei sich zu beherbergen. In den einzelnen Gemeinden sind Frauen unterschiedlichster sozialer Herkunft aktiv. In besonderem Maße engagieren sich hier Witwen, die familiär nicht mehr gebunden sind. Gleichwohl sollte man nicht meinen, die Gemeinden würden primär von Frauen getragen. Ein solcher Fehleindruck entsteht zuweilen, wenn man paganen Autoren Glauben schenkt,

Frauen in Gemeinden

29

welche die christliche Lehre als irrational diffamieren und aus dieser Intention heraus betonen, dass vorrangig Ungebildete, Sklaven und eben Frauen dem Christentum zuströmten.

Christentum und Frauenrolle

Die Bedeutung der christlichen Religion für die Frauen im römischen Reich ist von der historischen wie der theologischen Forschung intensiv diskutiert worden. Inwieweit sich die Stellung der Frau in der Gesellschaft durch das Christentum wandelt, ist nicht leicht zu sagen. Sicher ist, dass sich die allgemeinen Rollenerwartungen unter christlichem Einfluss nicht ändern. Besonders für Frauen der gehobenen Schichten gilt weiterhin, dass ihr Lebensmittelpunkt das Haus ist und sie die traditionellen häuslichen Pflichten zu erfüllen haben: Sie haben schamhaft, zurückhaltend und selbstbeherrscht zu sein. Sie sind zuständig für die Verwaltung des Inneren des Hauses, bearbeiten Wolle, sollen sparsam, fleißig und wachsam sein. Diese Verhaltenserwartungen werden von Nichtchristen wie von Christen in ähnlicher Weise formuliert.

In der Kaiserzeit lässt sich jedoch besonders in den Oberschichten beobachten, dass die traditionellen Familienstrukturen im Vergleich zur republikanischen Zeit an Bedeutung abnehmen. Das gilt besonders für die Rolle des *pater familias*.

E | *pater familias*
In republikanischer Zeit ist die römische Familie durch die nahezu unumschränkte Gewalt (*patria potestas*) des Familienvaters (*pater familias*) über alle Familienangehörigen, das heißt über die Frau, die Kinder und gegebenenfalls die Sklaven geprägt. Er hat das Recht, sämtliche Familienmitglieder zu strafen, kann sie sogar töten. Er entscheidet auch über die Aufnahme eines neugeborenen Kindes in die Familie. Zudem ist er der alleinige Besitzer des Familienvermögens. Dies bedeutet jedoch nicht, dass er willkürlich agieren kann: Bereits seit frührepublikanischer Zeit ist er durch gesellschaftliche Normen (*mores*) gebunden und untersteht der sozialen Kontrolle. Seine Kompetenzen werden schon in der Republik und stärker noch in der Kaiserzeit durch die staatliche Gesetzgebung sowie die reale Lebenspraxis reduziert. So werden etwa im Erbrecht Regelungen geschaffen, welche die Rechte der verschiedenen Familienmitglieder stärken, und die *tutela* (‚Vormundschaft') über die Ehefrau faktisch eingeschränkt.

Innerhalb der Ehe wird zunehmend Harmonie und Gleichheit der Partner propagiert. Diese Entwicklung – die gleichwohl primär die gehobenen Schichten betrifft – hat zum einen mit den politischen Veränderungen zu tun, zum anderen mit der wachsenden Verbreitung philosophischer Ideen, die den Menschen eher als Individuum, denn als Angehörigen von Gruppen konzipieren. Daran knüpft das Christentum an, indem es derartige Überlegungen aufgreift und sie mit christlichen Vorstellungen überformt.

Eine emanzipatorische Wirkung spezifisch christlicher Art ist höchstens insofern anzunehmen, als das Christentum Lebensformen außerhalb von Ehe und Familie einen neuen Stellenwert gibt und sie in originär christlicher Weise begründet. Dabei ist allerdings zu bedenken, dass sich nur eine Minderheit von Christinnen und Christen für solche Formen entscheidet.

Neutestamentliche Positionen zur Stellung der Frau

Die neutestamentlichen Aussagen zur Position der Frau, auf die sich die späteren Christen immer wieder berufen, divergieren. Im ersten Brief an die Korinther schreibt Paulus unter anderem:

> Doch im Herrn gibt es weder die Frau ohne den Mann noch den Mann ohne die Frau. Denn wie die Frau vom Mann stammt, so kommt der Mann durch die Frau zur Welt; alles aber stammt von Gott. (1 Korinther 11,11 f.)

Mann und Frau werden hier in gleicher Weise zu Gott in Beziehung gesetzt. Sie sind demnach aufeinander verwiesen und einander gleichgestellt. Zentral ist auch bei Letzterem, dass dies ‚im Herrn‘ geschieht.

Im gleichen Brief heißt es jedoch auch:

> Ihr sollt aber wissen, dass Christus das Haupt des Mannes ist, der Mann das Haupt der Frau und Gott das Haupt Christi. Wenn ein Mann betet oder prophetisch redet und dabei sein Haupt bedeckt, entehrt er sein Haupt. Eine Frau aber entehrt ihr Haupt, wenn sie betet oder prophetisch redet und dabei ihr Haupt nicht verhüllt. (…) Der Mann darf sein Haupt nicht verhüllen, weil er Abbild und Abglanz Gottes ist; die Frau aber ist der Abglanz des Mannes. Denn der Mann stammt nicht von der Frau, sondern die Frau vom Mann. Der Mann wurde auch nicht für die Frau geschaffen, sondern die Frau für den Mann. (…) Urteilt selber! Gehört es sich, dass eine Frau unverhüllt zu Gott betet? Lehrt euch nicht schon die Natur, dass es für den Mann eine Schande, für die Frau aber eine Ehre ist, lange Haare zu tragen? Denn der Frau ist das Haar als Hülle gegeben. Wenn aber einer meint, er müsse darüber streiten: Wir und auch die Gemeinden Gottes kennen einen solchen Brauch nicht. (1 Korinther 11,3–5. 7–9. 13–16)

Diese Ausführungen stehen in einem bestimmten Kontext: Es geht um die Klärung eines konkreten Problems, nämlich die Frage der Kopfbedeckung von Frauen im Gottesdienst. In der christlichen Gemeinde Korinths ist es offenbar zu einer Auseinandersetzung um diese Frage gekommen. Bei den Griechen ist es kaum mehr üblich, dass eine Frau ihr Haupt verhüllt, wenn sie sich in der Öffentlichkeit zeigt. Daraus leiten einige Christen die Position ab, dass dies auch im Gottesdienst nicht erforderlich sei. Dem steht der jüdische Brauch entgegen, demgemäß eine verheiratete Frau das Haus nur mit bedecktem Haupt verlässt und auch nur so bekleidet betet. Dabei wird die Kopfbedeckung als Symbol der Gewalt ihres Ehemannes verstanden, in die sie mit der Hochzeit übergeht. Durch diese jüdische Haltung ist die Position des Paulus geprägt. Auf ihrer Basis erst formuliert er seine grundlegenden Sentenzen, die eine Hierarchie Gott – Christus – Mann – Frau enthalten und die Subordination der Frau unter den Mann schöpfungstheologisch begründen.

Verhüllung des Hauptes?

Von zentraler Bedeutung für die Rezeption ist auch ein späterer Abschnitt aus dem gleichen Brief des Paulus:

Schweigegebot für Frauen?

> Wie es in allen Gemeinden der Heiligen üblich ist, sollen die Frauen in der Versammlung schweigen; es ist ihnen nicht gestattet zu reden. Sie sollen sich unterordnen, wie auch das Gesetz es fordert. Wenn sie etwas wissen wollen, dann sollen sie zu Hause ihre Männer fragen; denn es gehört sich nicht für eine Frau, vor der Gemeinde zu reden. (1 Korinther 14,34 f.)

Das Schweigegebot für Frauen findet sich zwar in allen neutestamentlichen Handschriften; dennoch geht die Forschung heute mehrheitlich davon aus, dass es sich um einen späteren Einschub handelt, der aus der Phase stammt, in der die sogenannten ‚Haustafeln' entstanden sind, die durch hellenistisch-jüdische Tradition geprägt sind, und in der sich die katholische Kirche von gnostischen Gemeinden distanziert, in denen einige Frauen eine herausragende Stellung innehaben, gar als ‚Prophetinnen' auftreten.

Widersprüche im Text

Die Widersprüche in dem Text sind primär darauf zurückzuführen, dass hier unterschiedliche Ebenen betrachtet werden: zum einen die Relation zu Gott und zum anderen innerweltliche Lebenszusammenhänge. Im Hinblick auf Gott sind Mann und Frau gleich: Sie sind in gleicher Weise zum Glauben befähigt und zum Heil berufen. Die Erlösungsbotschaft gilt unterschiedslos für beide Geschlechter. Dies verdeutlicht Paulus auch durch eine Aussage im Galaterbrief:

> **Q** Es gibt nicht mehr Juden und Griechen, nicht Sklaven und Freie, nicht Mann und Frau; denn ihr alle seid ‚einer' in Christus Jesus. (3,28)

In Kontexten der konkreten irdischen Existenz verfährt Paulus anders: Hier orientiert er sich vorrangig an jüdischen Traditionen.

Rezeption der neutestamentlichen Position

Die Divergenz, die im Korintherbrief deutlich wird, prägt auch die spätere Auseinandersetzung mit der Thematik. Dabei werden die Ebenen nicht immer in der Weise unterschieden, wie Paulus es tut. So begegnet zuweilen das Phänomen, dass aus der Gleichheit vor Gott eine umfassende Gleichheit deduziert wird. Dies kann in der Weise geschehen, dass man die Gleichheit in Bezug auf Gott zum Ausgangspunkt nimmt und daraus für beide Geschlechter übereinstimmende ethische Forderungen für diverse Lebensbereiche ableitet. Einige Christen untermauern dies noch durch philosophische Prämissen besonders stoischer Provenienz, in denen Mann und Frau eine im Wesentlichen gleiche Natur zugeschrieben wird. Umgekehrt kommt es auch vor, dass die Ungleichheit absolut gesetzt wird. Dies begegnet bei Christen, die sich am jüdischen Brauch orientieren oder auch an Traditionen der griechisch-römischen Umwelt, die ihrerseits durch die Ungleichheit der Geschlechter geprägt sind.

Frauen als Amtsträgerinnen in christlichen Gemeinden

Frauen haben in den christlichen Gemeinden die Möglichkeit, das Amt einer Diakonin beziehungsweise Diakonisse zu bekleiden (im griechischen Bereich wird meist die männliche Form *diákonos* mit weiblichem Artikel verwendet, im lateinischen wird der Begriff *diaconissa* geprägt). Die anderen Ämter sind ihnen in katholischen Gemeinden verschlossen – in häretischen verhält es sich zum Teil anders.

Bereits im Brief des Paulus an die Römer ist von einer Frau namens Phoebe die Rede, die als Diakonin der Gemeinde in Kenchreae vorgestellt wird; freilich handelt es sich hier noch nicht um die Trägerin eines Amtes.

Solche Amtsträgerinnen finden sich hingegen in der syrischen Didaskalie (*Didascalia Apostolorum*), die wahrscheinlich um die Mitte des 3. Jahrhunderts entstanden ist. Zu dieser Zeit haben wir es, wie wir oben gesehen haben, bereits mit einer ausgeprägten Gemeindeorganisation zu tun. In jenem Text wird den Bischöfen ausdrücklich empfohlen, nicht nur Männer mit dem Amt des Diakons zu betrauen, sondern auch Frauen. Diakonissen können eingesetzt werden, um weiblichen Gemeindemitgliedern zu Hause Besuche abzustatten. Ein männlicher Diakon wäre dafür schlecht zu verwenden. Außerdem nehmen Diakonissen bei Frauen die Salbung im Rahmen der Taufe vor.

Das Diakonissenamt lässt sich seit dem 3. Jahrhundert nachweisen, zuerst im Osten und kurz darauf auch im Westen. Die betreffenden Frauen werden durch den Bischof ordiniert. Sie müssen Jungfrauen oder Witwen sein. Außerdem gilt ein Mindestalter, das zwischen vierzig und sechzig Jahren variiert. Nicht ganz klar ist, ob die Diakonissen im 3. Jahrhundert dem Klerus zugerechnet werden. Im 4. Jahrhundert wird ausdrücklich festgeschrieben, dass dies nicht der Fall sein soll.

3.2 Ehe und Familie

Im Neuen Testament finden sich verschiedene Aussagen zur Thematik der Ehe. Besonders intensiv rezipiert werden die Formulierungen des Paulus aus dem siebten Kapitel des ersten Korintherbriefes: Er vertritt hier die Auffassung, dass es für den Mann gut sei, keine Frau zu berühren. Wegen der Gefahr der Unzucht aber solle jeder seine eigene Frau und jede ihren eigenen Mann haben. Ehelosigkeit ist demnach höher zu schätzen als die Ehe; die Ehe wird jedoch als Zugeständnis an die menschliche Schwäche gebilligt und gegenüber unehelichen Beziehungen eindeutig präferiert.

Paulus formuliert weiterhin, dass Mann und Frau sich einander nicht entziehen sollten, es sei denn in gegenseitigem Einvernehmen, um Muße zum Gebet zu haben. Danach sollen sie wieder zusammenkommen. Auch hierzu merkt er an, dass er dies nicht als Gebot formuliere, sondern wiederum als Konzession. Im Hinblick auf Unverheiratete und Witwen hebt er hervor, es sei gut für sie, wenn sie blieben, wie er selbst, also keine Ehe schlössen. Verheiratete sollten sich allerdings nicht scheiden lassen. Für den Fall, dass es doch zu einer Scheidung kommt, soll im Anschluss keine weitere Ehe eingegangen werden.

Schließlich setzt sich der Apostel mit der Frage auseinander, unter welchen Bedingungen eine Scheidung zu billigen sei. Dabei beschäftigt ihn besonders das Problem, ob ein Christ beziehungsweise eine Christin die Ehe mit einem nichtchristlichen Ehepartner wegen dessen beziehungsweise deren religiöser Haltung auflösen sollte. Paulus erteilt diesem Ansinnen eine Absage, da der ungläubige Mann durch die gläubige Frau geheilt sei *vice versa*. Für den Fall, dass der Ungläubige sich aber trennen wolle, sei es dem Gläubigen gestattet, sich scheiden zu lassen.

Diese Aussagen sind als Reaktion auf andere Positionen zu verstehen, die zeitgleich unter Christen vertreten werden, so in der christlichen Gemeinde in Korinth, an die der Apostel sich hier wendet. In Korinth wie auch andernorts finden sich Personen, welche die Ehe grundsätzlich ablehnen. Sie tun dies aus einer eschatologischen Erwartung heraus: Angesichts des bevorstehenden Weltendes ist es ihrem Verständnis nach nicht mehr notwendig, irdische Lebensformen zu praktizieren. Andere verweisen darauf, dass die biblischen Schriften keine exakten Vorschriften zum Eheleben aufstellen,

Neutestamentliche Aussagen zur Ehe

33

und ziehen daraus den Schluss, dass diesbezüglich aus christlicher Sicht alles gestattet sei. Beiden Positionen sucht Paulus entgegenzuwirken.

Eine weitere zentrale Sentenz in dem Zusammenhang, die vielfach rezipiert wird, ist die Antwort Jesu auf die Anfrage der Pharisäer bezüglich der Ehescheidung:

> Q
>
> Habt ihr nicht gelesen, dass der Schöpfer die Menschen am Anfang ‚als Mann und Frau geschaffen hat‘ und dass er gesagt hat: ‚Darum wird der Mann Vater und Mutter verlassen und sich an seine Frau binden und die zwei werden ein Fleisch sein‘? Sie sind also nicht mehr zwei, sondern eins. Was aber Gott verbunden hat, das darf der Mensch nicht trennen. (Matthäus 19,4–6)

In diesen Bibelstellen sind die wesentlichen Themen bereits angesprochen, welche die christliche Auseinandersetzung mit dem Gegenstand in der Folgezeit prägen sollen. Die Stellen werden in den kommenden Jahrhunderten immer wieder als Argumente angeführt. Kontrovers diskutiert werden vor allem die allgemeine Einschätzung der Ehe, die sogenannten Mischehen, das Phänomen der zweiten Ehe und die Ehescheidung.

Bewertungen der Ehe   Hinsichtlich der Einschätzung der Ehe wird von christlichen Autoren vielfach die Auffassung vertreten, dass es sich bei der Ehe um ein Gut handele, allerdings um eines zweiten Ranges – verglichen mit der Jungfräulichkeit. Intensiv besprochen wird dies seit dem 2. Jahrhundert, als einige gnostisch geprägte christliche Gruppierungen rigorose Haltungen zur Ehe propagieren. Sie ähneln denjenigen, mit denen sich schon Paulus in kritischer Manier befasst hat, werden aber anders begründet:

So kommt die grundsätzliche Ablehnung der Ehe dadurch zustande, dass die Ehe der dualistischen Weltsicht der Gnostiker entsprechend dem Schlechten, Ungöttlichen zugewiesen wird. Dabei wird zumeist auch der Geschlechtsverkehr außerhalb der Ehe abgelehnt und prinzipielle Enthaltsamkeit gefordert. Die gnostisch orientierten Christen gehen zum Teil so weit, in der Fortpflanzung den Hauptgrund dafür zu sehen, dass Gott bislang nicht zur Welt zurückgekehrt und die Parusie ausgeblieben ist. Andere vertreten – ebenfalls von der Gnostik geprägt – die Ansicht, dass es in der Ordnung Gottes zunächst keinen Privatbesitz gegeben, sondern alles unterschiedslos allen gehört habe. Daraus leiten sie ab, dass auch beliebige Verbindungen von Männern und Frauen zulässig seien.

Beide Positionen scheinen der Kirche bedenklich. Beide werden aus theologischen Gründen zurückgewiesen und zum Teil als häretisch eingestuft. Auch wenn solche Auffassungen primär von Randgruppen vertreten werden, besteht die Sorge, dass sie zur Spaltung innerhalb der Kirche führen könnten.

Nicht zuletzt um dem vorzubeugen, plädieren einige Christen energisch für die Ehe. Clemens von Alexandrien geht in seinem *Paidagogos* Ende des 2. Jahrhunderts so weit, die Ablehnung der Ehe mit einer Negierung der Schöpfung Gottes gleichzusetzen, und kehrt damit das Argument der gnostisch geprägten Gruppen gewissermaßen um. Clemens schließt sich dabei der verbreiteten Ansicht an, dass alles, was auf der Erde existiere, von Gott geschaffen und somit auch gut sei. Zudem verweist er – ebenso wie viele andere, die sich zugunsten der Ehe aussprechen – auf Genesis 1,28 und schreibt etwa: *„Die Ehe aber soll zugelassen und in unser Leben aufgenommen werden. Denn der Herr will, dass die Menschen sich vermehren"* (*Paidagogos* 2,95,2). Er geht sogar noch darüber hinaus, indem er die Position formuliert, dass der Mensch durch die Ehe und die Zeugung von Kindern zum Abbild Gottes werde, indem er an der Entstehung von Menschen teilhabe.

Schließlich kann die Ehe noch auf andere Weise theologisch legitimiert werden: etwa indem man sie als Abbild der jenseitigen Verbindung des Menschen mit Gott betrachtet. Auch wird auf die Ehe rekurriert, um die Beziehung Christi zu seiner Kirche zu bezeichnen: Der Kirche kommt in diesem Verständnis die Rolle der Braut Christi zu.

Die Anhänger der Ehe kommen ihren Kritikern jedoch insofern entgegen, als sie die Ehe nicht als zweckfrei billigen. So verweisen sie darauf, dass der Vollzug der Ehe allein der Zeugung von Kindern diene und keinesfalls der Lust. Der Leidenschaft erteilen sie eine Absage, um nicht den Eindruck entstehen zu lassen, der Bezug auf den Partner sei von größerer Bedeutung als die Ausrichtung auf Gott. Zu dem Zweck können auch Argumente der paganen Philosophie herangezogen werden. So formuliert etwa Clemens von Alexandrien, dass die Lust zu vermeiden sei, da sie die Vernunft und den Willen beeinträchtige (*Stromateis* 3,58,1).

Eng verbunden mit dieser Überlegung ist die Ansicht, dass die Ehe nur als Zugeständnis an die menschliche Unzulänglichkeit zu akzeptieren sei. Diese Position kann zur Kritik der Ehe verwendet werden; sie wird aber auch herangezogen, um die relative Wertschätzung der Ehe zu begründen. Die Ehe wird dabei als eine Lebensform charakterisiert, die den Bedingungen der irdischen Existenz angemessen sei.

Trotz all dieser Argumente zugunsten der Ehe vertreten die allermeisten christlichen Autoren jedoch die Auffassung, dass der Virginität höhere Achtung gebühre als der Ehe. Die Jungfräulichkeit ermöglicht es in höherem Maße, sich auf Gott hin zu orientieren und sich dem Gebet zu widmen, als es Ehefrauen, die auf Mann und Kinder bezogen sind, möglich ist – so eine verbreitete Überlegung.

In dieser Einschätzung unterscheiden sich die Christen von der nichtchristlichen Umwelt. Eine Abweichung von den paganen Vorstellungen ist auch in der Hinsicht zu konstatieren, dass die Christen die Ehe als die einzige Form des Zusammenlebens von Mann und Frau akzeptieren. Den **Konkubinat**, der in der römischen Gesellschaft sehr verbreitet ist, lehnen sie ab.

Konkubinat

Der Konkubinat stellt eine Form der dauerhaften Verbindung von Mann und Frau dar. Er wird im Normalfall anstelle einer rechtmäßigen Ehe (*matrimonium iustum*) gelebt, kann aber auch neben einer solchen praktiziert werden. In der Kaiserzeit erlangt er große Bedeutung für freigeborene Bürger, weil diesen durch die Ehegesetze des Augustus eine Eheschließung mit sogenannten ‚unehrbaren' Frauen (besonders Freigelassenen und Schauspielerinnen) untersagt wird. Für die betroffenen Frauen und Kinder ist diese Lebensform von Nachteil: Die Frauen genießen nicht den *honor matrimonii*, die Kinder sind den ehelichen Kindern des Mannes, die einer früheren oder späteren vollgültigen Ehe entstammen, nachgestellt. Sie können nicht

E

> erben, es sei denn, sie werden vom Vater testamentarisch als Erben eingesetzt, gehören auch nicht der Familie des Vaters, sondern derjenigen der Mutter an, so dass sich ihr sozialer Status nach dem der Mutter richtet.

Ein Konkubinat ist aus christlicher Sicht abzulehnen, da er dem Ehegebot widerspricht. Er ist zudem nicht erforderlich, da die Christen keine rechtlichen Beschränkungen für die Eheschließung anerkennen. Nach ihrem Verständnis ist auch eine Ehe zwischen einer freien und einer unfreien Person denkbar, was in der heidnischen Umwelt nicht vorstellbar wäre. Allerdings ist hier zwischen Anspruch und Wirklichkeit zu unterscheiden. Nur wenige christliche Bischöfe gehen tatsächlich so weit, Verbindungen, die nach römischem Recht nicht zulässig sind, als Ehen anzuerkennen.

Mischehen — Ein konkretes Problem, das vielfach besprochen wird, sind Ehen zwischen Christen und *pagani*. Meist verhält es sich so, dass sich ein Partner – in der Regel die Frau – während der Ehe dem Christentum zuwendet, während der andere Heide bleibt. Angesichts dessen argumentieren die meisten Kirchenvertreter im Sinne des Paulus, dass eine solche Ehe fortgesetzt werden solle, da sie dem Christen die Chance biete, den nichtchristlichen Partner zur Konversion zu motivieren. Allerdings raten sie mehrheitlich davon ab, derartige Verbindungen gezielt einzugehen.

Zweite Ehe — Hinsichtlich der Frage nach einer zweiten Ehe differenzieren die Christen, ob sie nach einer Scheidung oder nach dem Tod des ersten Partners geschlossen wird. Da die Scheidung in den allermeisten Fällen abgelehnt wird, weist man auch eine erneute Ehe nach einer solchen Trennung gewöhnlich zurück. Anders verhält es sich bei der Eheschließung einer Witwe oder eines Witwers. Wer diese negiert, begründet seine Haltung etwa damit, dass Gott durch den Tod des Gatten oder der Gattin eine Trennung herbeigeführt habe und der Überlebende daher auch für die Folgezeit getrennt von einem Partner beziehungsweise einer Partnerin leben solle. Vertritt jemand die Gegenposition, hält er oder sie also eine zweite Ehe nach dem Ableben des ersten Partners für gerechtfertigt, so geschieht das beispielsweise mit dem Hinweis, dass man hierbei keine Sünde begehe. Gleichwohl kann eingeräumt werden, dass der Betreffende größeren Respekt verdiente, wenn er nicht wieder heiratete.

Die Relation der christlichen Haltung zur zweiten Ehe zu der der paganen Umwelt zu bestimmen, ist nicht ganz einfach. Ebenso wie unter Christen begegnen auch unter Heiden unterschiedliche Auffassungen zu der Thematik. Zugunsten einer zweiten Ehe spricht vor allem die Ehegesetzgebung des Augustus. Diese sieht vor, dass römische Bürger – Männer vom 25. bis zum 60., Frauen vom 20. bis zum 50. Lebensjahr – verheiratet sein müssen. Für den Fall einer Scheidung oder nach dem Tod des Gatten beziehungsweise der Gattin wird eine erneute Ehe gefordert. Daneben gibt es auch in der paganen Welt seit der Republik das Ideal der *univira*, das heißt der nur einmal (mit einem Mann) verheirateten Frau, an das einige Christen, die eine zweite Ehe ablehnen, sogar explizit anknüpfen.

Scheidung — Erhebliche Abweichungen zur paganen Umwelt sind in der Frage der Scheidung zu konstatieren. Allerdings hat sich auch die römische Haltung dazu mit der Zeit etwas verschärft. War in der Republik zunächst eine

Scheidung möglich, wenn einer der beiden Partner dies wünschte, so werden in der Kaiserzeit bereits Scheidungsgründe (zum Beispiel Kinderlosigkeit) gefordert. Die Haltung der Christen bleibt jedoch deutlich strikter: Die meisten Kirchenvertreter dulden die Scheidung nur im Falle des Ehebruchs (*fornicatio*), wobei es keinen Unterschied machen solle, ob der Mann oder die Frau die Ehe bricht.

In der Form der Eheschließung unterscheiden sich die Christen nicht wesentlich von ihrer Umwelt. Üblich ist wie bei den *pagani* eine mündliche wechselseitige Einverständniserklärung (*consensus*-Erklärung), die zum Teil durch einen schriftlichen Ehevertrag ergänzt wird. Gleichwohl kann auch die Kirche an dem Prozedere beteiligt werden. So schreibt Ignatius von Antiochien zu Beginn des 2. Jahrhunderts:

Eheschließung

> Es geziemt sich aber für Männer, die heiraten, und für Frauen, die verheiratet werden, die Ehe mit Zustimmung des Bischofs einzugehen, damit sie dem Herrn entspricht, nicht der Begierde. (Ignatius, An Polykarp 5,2)

Q

Hinweise auf eine derartige Praxis, also um den *consensus* des Bischofs nachzusuchen, bevor die Beteiligten selbst ihn öffentlich zum Ausdruck bringen, finden wir auch bei anderen Autoren des 2. Jahrhunderts. Wie verbreitet sie ist, ist allerdings nicht bekannt. Auch können wir nicht sicher bestimmen, ob es sich hier um eine formale Zustimmung des Bischofs handelt oder um eine Belehrung, die eher informellen Charakter hat.

Wie unter Heiden so sind auch unter Christen Hochzeitsfeiern üblich. Selbst christliche Autoren, die sich ansonsten durch rigide Positionen auszeichnen, haben dagegen mehrheitlich nichts einzuwenden. Allerdings mahnen sie, dabei alles zu vermeiden, was als Götzendienst verstanden werden könnte. Besonders das Tragen von Kränzen wird immer wieder kritisiert. Vielen Christen scheint nicht bewusst zu sein, dass es sich hier um einen Brauch mit heidnisch-religiösem Hintergrund handelt. Gleiches gilt für das Reichen der rechten Hand (*dextrarum iunctio*) nach der *consensus*-Erklärung, das auch zahlreiche Christen praktizieren. Spezielle christliche Hochzeitszeremonien sind aus der frühen und hohen Kaiserzeit nicht bekannt.

Neben der Ehe gerät zuweilen auch die Familie als ganze in den Blick der Kleriker. Allerdings geschieht dies bei weitem seltener. Die christlichen Autoren wenden sich mit ihren Ratschlägen zur Lebensgestaltung eher an die einzelnen Familienmitglieder. Eine spezielle christliche ‚Familienmoral' propagieren sie nicht. Weitgehend problemlos gestaltet sich dieser Lebensbereich, wenn sich eine ganze Familie zum Christentum bekehrt. In vielen Fällen aber geschieht das nicht. Oft verbleibt der Hausherr bei den paganen Kulten, während seine Ehefrau, teilweise auch die Kinder, speziell die Töchter, oder die Sklavinnen und Sklaven Christen werden. Zur Reaktion einiger betroffener Männer bemerkt Tertullian:

Familie

> Seine Frau, die nun keusch ist, verstößt der Ehemann, der nun nicht mehr eifersüchtig zu sein braucht; seinen Sohn, der nun gehorsam ist, enterbt der Vater, der früher duldsam war; seine Sklaven, die nun zuverlässig sind, verbannt der Herr,

> der früher milde war, aus seinen Augen. Sobald sich jemand unter diesem Namen (scil. dem Namen Christi) bessert, gereicht er zum Anstoß. Kein Gut ist so bedeutsam wie der Hass gegen die Christen. (Tertullian, *Apologeticum* 3,4)

Tertullian versucht also deutlich zu machen, dass die Familienmitglieder, die zum Christentum konvertiert sind, nun auch die Erwartungen, die an sie in der Familie gerichtet werden, in höherem Grade erfüllen als früher. Dennoch wird dies seitens des heidnischen Familienvaters nicht gewürdigt. Welches Ausmaß die Konflikte in derartigen Häusern tatsächlich annehmen, ist schwer zu sagen. Wir finden bei Tertullian Hinweise darauf, dass einige Christen in Zeiten der Verfolgung von ihren heidnischen Verwandten angezeigt werden. Grundsätzlich ist aber davon auszugehen, dass Tertullian die Schwierigkeiten etwas überzeichnet, um Christen davon abzuhalten, Ehen mit Nichtchristen einzugehen. Ein konkretes Problem, das sich für Christen, die in einer mehrheitlich heidnischen Familie leben, häufig stellt, ist die Teilnahme an Familienfeiern mit paganem Hintergrund. Die meisten Kirchenvertreter zeigen sich hier konziliant. Sie gestehen auch zu, dass Christen bei Opferungen anwesend sind, die in einem solchen Kontext stattfinden. Gleichwohl raten sie ihnen, derartige Handlungen nicht selbst zu vollziehen. Sogar Tertullian äußert hier Verständnis. Er rät den Christen allerdings, Einladungen zu expliziten Opferfeierlichkeiten auszuschlagen (*De idololatria* 16,2–5).

3.3 Wirtschaftsleben

Setzen sich Christen mit dem Wirtschaftsleben auseinander, so geht es speziell um zwei Problemkreise: die Haltung zum Vermögen beziehungsweise zum Geschäftsleben und die Beschäftigung mit einzelnen Berufen.

Einstellung zum Reichtum
Beginnen wir mit den Haltungen zu materiellem Reichtum. Speziell in apostolischer Zeit wird die Forderung erhoben, allen Besitz zu verkaufen, den Erlös den Armen zu geben, um Jesus in vollem Sinne nachzufolgen. Sie gründet auf den bekannten biblischen Sentenzen zu der Thematik, besonders den Ausführungen Jesu in Matthäus 19:

> Es kam ein Mann zu Jesus und fragte: ‚Meister, was muss ich Gutes tun, um das ewige Leben zu gewinnen?‘ (…) Der junge Mann erwiderte ihm: ‚Alle diese Gebote habe ich befolgt. Was fehlt mir jetzt noch?‘ Jesus antwortete ihm: ‚Wenn du vollkommen sein willst, geh, verkauf deinen Besitz und gib das Geld den Armen; so wirst du einen bleibenden Schatz im Himmel haben; dann komm und folge mir nach.‘ Als der junge Mann das hörte, ging er traurig weg, denn er hatte ein großes Vermögen. Da sagte Jesus zu seinen Jüngern: ‚Amen, das sage ich euch: Ein Reicher wird nur schwer in das Himmelreich kommen. Nochmals sage ich euch: Eher geht ein Kamel durch ein Nadelöhr, als dass ein Reicher in das Reich Gottes gelangt.‘ (Matthäus 19,16. 20–33)

Das Streben nach Reichtum kann mit *idololatria* gleichgesetzt und daher als unvereinbar mit der Verehrung des Christengottes eingeschätzt werden. Dies wird ebenfalls mit Rekurs auf ein Bibelzitat begründet:

> Niemand kann zwei Herren dienen; er wird entweder den einen hassen und den anderen lieben oder er wird zu dem einen halten und den anderen verachten. Ihr könnt nicht beiden dienen, Gott und dem Mammon. (Matthäus 6,24)

Q

Auch in nachapostolischer Zeit werden diese Sentenzen immer wieder angeführt. Daneben entwickeln Christen im 2. und 3. Jahrhundert aber zunehmend vermittelnde Positionen. Dies gilt besonders für den Osten, wo sich vermehrt Angehörige der sozialen Oberschicht vom Christentum angesprochen fühlen, die in aller Regel nicht bereit sind, auf ihr Vermögen zu verzichten. In Reaktion darauf kritisieren viele Bischöfe nicht mehr den Reichtum an sich, sondern nur noch den schlechten Gebrauch materieller Güter. Bei gutem Gebrauch bestehen keine Bedenken. Auch kann empfohlen werden, dem Reichtum keine allzu große Aufmerksamkeit zu schenken. Das bedeutet nicht, dass die Betreffenden sich dafür aussprechen, denjenigen, die sich von ihrem Besitz lossagen, die Anerkennung zu verweigern. Sie vertreten jedoch die Auffassung, dass nicht der Verzicht an sich für den Christen entscheidend sei, sondern der Umstand, in welcher Gesinnung und mit welcher Intention er geleistet wird.

Diejenigen, die eine solch gemäßigte Position vertreten, verlangen auch nicht, dass Christen sich vom Geschäftsleben fernhalten. Ebenso wenig erwarten sie, dass Christen sich hier anders verhalten als Nichtchristen. Christen sind nach ihrem Verständnis auch nicht gehalten, sich von besonders gewinnträchtigen Geschäften zu distanzieren oder in geringerem Maße als andere nach Profit zu streben. Sie sollen sich lediglich anständig und ehrlich gebärden, was in gleicher Weise in der heidnischen Umwelt gefordert wird. So wird etwa verlangt, dass sie beim Kauf oder Verkauf nicht zwei Preise nennen, sondern lediglich einen, der zudem fair zu sein hat. Eine Abweichung von der paganen Praxis ist hier allein darin zu konstatieren, dass von Christen erwartet wird, auf Eidesleistungen zu verzichten. Zumindest sollten sie nicht selbst schwören, um – wie es heißt – den Namen des Herrn nicht grundlos zu gebrauchen.

Probleme stellen sich hinsichtlich des allgemeinen Geschäftsgebarens von Christen jedoch zuweilen aus dem Grund, dass die Christen keine Produkte kaufen, die mit dem paganen Kult zu tun haben. Dies betrifft besonders das Opferfleisch. Daher wird ihnen seitens der Heiden stets vorgehalten, dem Handel zu schaden. Als Reaktion darauf führen Christen immer wieder an, dass sie sich im Wirtschaftsleben allein dort von den *pagani* unterscheiden, wo es um religiöse Belange gehe, dass sie ansonsten aber ein gewöhnliches Leben führten, welches nicht von dem der Nichtchristen differiere.

Der zweite Bereich, mit dem sich Christen in dem Zusammenhang beschäftigen, ist derjenige der beruflichen Tätigkeiten. Hier findet sich vielfach die Position, dass es für einen Christen unerheblich sei, welchen Beruf er ausübe. Man beruft sich dabei auf die Formulierung des Paulus:

Geschäftsleben

Haltung zu Berufen

> Jeder soll in dem Stand bleiben, in dem ihn der Ruf Gottes getroffen hat. (1 Korinther 7,20)

Die Erwerbsarbeit, speziell die Lohnarbeit, genießt unter Christen tendenziell eine höhere Wertschätzung als in der paganen Umwelt. So wird oftmals daran erinnert, dass Jesus zunächst Fischer und andere einfache Handwerker und Lohnarbeiter berufen habe. Die Tatsache, dass dies von den Klerikern immer wieder betont wird, lässt aber darauf schließen, dass nicht alle Christen sich dessen bewusst sind, sondern viele sich hinsichtlich der Wertschätzung der Berufsgruppen der paganen Haltung annähern. Nachweisen lässt sich das besonders für den Osten, wo sich seit dem 2. Jahrhundert zahlreiche vermögende Männer dem Christentum zuwenden, die keiner Berufstätigkeit nachgehen oder Berufe ausüben, die mit hohem sozialen Prestige verbunden sind. Zudem sehen sich die Christen mit dem Vorwurf seitens der Heiden konfrontiert, dass sie besonders Personen mit geringer Bildung und schlichten Berufen in ihren Reihen versammelten.

Christliche Autoren reagieren auf derartige Vorhaltungen unterschiedlich: Teils bekennen sie sich ausdrücklich dazu, dass Christen sich in der Einschätzung einfacher Erwerbstätigkeiten an anderen Werten orientieren als die nichtchristliche Umwelt. Teils weisen sie die Vorwürfe zurück, indem sie hervorheben, dass ihren Gemeinden auch Menschen angehörten, die Berufen nachgehen, welche in der heidnischen Gesellschaft hohes Ansehen genießen.

Bei einigen Professionen sehen die Christen jedoch Probleme. Zum Teil handelt es sich dabei um Tätigkeiten, die auch unter den *pagani* geringgeschätzt werden. In den Fällen können sich die Christen der paganen Haltung anschließen und brauchen keine spezifisch christlichen Begründungen zu entwickeln. Betroffen sind etwa Zuhälter, Prostituierte, Gladiatoren und Schauspieler. Daneben begegnet das Phänomen, dass Christen sich gegenüber einigen Berufen, die in ihrer Umwelt zum Teil sehr angesehen sind, äußerst zurückhaltend, wenn nicht gar offen ablehnend zeigen. Am stärksten weisen sie all jene Berufe zurück, die direkt oder indirekt mit den paganen Kulten verknüpft sind. So distanzieren sie sich von der Herstellung sämtlicher kunstgewerblicher Gegenstände, die als Votivgaben fungieren können, sowie vom Handel mit ihnen. In der Hinsicht zeigen sich in der Praxis allerdings vielfach Schwierigkeiten, weil die Händler und ganz besonders die Handwerker oftmals nicht wissen, zu welchem Zweck die Gegenstände, die sie verkaufen beziehungsweise produzieren, verwendet werden. Anders verhält es sich mit Astrologen, Traumdeutern und Magiern, deren Professionen aus christlicher Sicht eindeutig in religiösem Sinne heidnisch sind. Ihre Tätigkeiten werden rigoros abgelehnt. Gleiches gilt für Gladiatoren und Wagenlenker, die im Rahmen von Festen auftreten, die mit den heidnischen Göttern in Zusammenhang gebracht werden. Probleme ergeben sich bei der Auseinandersetzung mit dem Lehrerberuf. Dieser wird zumeist nicht gutgeheißen, weil Lehrer sich paganen Festivitäten schwer entziehen können, etwa weil es üblich ist, sie an Festtagen zu entlohnen. Zudem äußern Christen Bedenken hinsichtlich des Unterrichtsstoffes. Wir werden uns damit unten im Kontext der Haltung der Christen zur Bildung beschäftigen (siehe Kap. 3.5). Die Positionen zum Soldatenberuf haben wir bereits oben kennen gelernt (Kap. 2.2.3).

Konkret beschäftigt sich die Kirche mit der Frage der Berufszugehörigkeit besonders dann, wenn Gemeindemitglieder um die Taufe nachsuchen. Die

Bischöfe, Presbyter oder Diakone, die damit befasst sind, fordern Personen auf, welche die aus christlicher Sicht inakzeptablen Berufe ausüben, von diesen abzulassen. Kommen die Betreffenden dem nicht nach, verweigern sie ihnen gewöhnlich die Taufe. Dass sie in der Vergangenheit entsprechenden Tätigkeiten nachgegangen sind, sollte ihnen nicht zum Nachteil gereichen – so eine verbreitete Position. Es wird allein verlangt, dass sie sich in Zukunft davon distanzieren. Inwieweit dies durchführbar ist, ist im Einzelfall sehr unterschiedlich. Wir haben Hinweise darauf, dass Betroffene die Frage stellen, wovon sie denn künftig leben sollen. Einige verweisen darauf, dass sie ihren Lebensunterhalt nicht mehr verdienen können, wenn sie ihren Beruf aufgeben. Im Falle der Lehrer verhält sich die Kirche meist tolerant: Ihnen wird in der Regel gestattet, ihren Beruf weiter auszuüben, sofern sie keine andere Tätigkeit erlernt haben. Bei den Handwerkern zeigt die Kirche weniger Verständnis. Tertullian beispielsweise empfiehlt ihnen, als Anstreicher und Bauhandwerker zu arbeiten; solche Tätigkeiten würden sogar stärker nachgefragt als Götterbilder (*De idololatria* 8).

3.4 Sklaverei

Die Sklaverei ist für Christen der vorkonstantinischen Zeit aus verschiedenen Gründen ein zentrales Thema: Es gibt nicht nur zahlreiche Christen, die selbst Sklaven sind, sondern auch nicht wenige, die Sklaven halten. Bereits in apostolischer Zeit entstehen Kontroversen darüber, ob die unterschiedslose Berufung aller Menschen zum Heil nicht Konsequenzen für die soziale Ordnung haben müsse, ob sie also nicht mit einer weitgehenden Nivellierung der sozialen und rechtlichen Unterschiede verbunden sein solle.

Grundlage für diese Überlegungen sind besonders die Formulierungen des Paulus in den Kapiteln 3 und 5 des Galaterbriefes:

Paulus zur Sklaverei

> Ihr seid alle durch den Glauben Söhne Gottes in Christus Jesus. Denn ihr alle, die ihr auf Christus getauft seid, habt Christus (als Gewand) angelegt. Es gibt nicht mehr Juden und Griechen, nicht Sklaven und Freie, nicht Mann und Frau; denn ihr alle seid ‚einer' in Christus Jesus. (Galater 3,26–28)

> Zur Freiheit hat uns Christus befreit. Bleibt daher fest und lasst euch nicht von neuem das Joch der Knechtschaft auferlegen! (Galater 5,1)

Im ersten Brief an die Korinther vertritt Paulus jedoch scheinbar eine ganz andere Ansicht. Dort heißt es:

> Jeder soll in dem Stand bleiben, in dem ihn der Ruf Gottes getroffen hat. Wenn du als Sklave berufen wurdest, soll dich das nicht bedrücken; auch wenn du frei werden kannst, lebe lieber als Sklave weiter. Denn wer im Herrn als Sklave berufen wurde, ist Freigelassener des Herrn. Ebenso ist einer, der als Freier berufen wurde, Sklave Christi. Um einen teuren Preis seid ihr erkauft worden. Macht euch nicht zu Sklaven von Menschen! Brüder, jeder soll vor Gott in dem Stand bleiben, in dem ihn der Ruf Gottes getroffen hat. (1 Korinther 7,20–24)

Paulus macht hier deutlich, dass die Gleichheit der Menschen nur in Bezug auf Gott gilt und nicht mit Konsequenzen für die irdische Existenz verbunden ist. Die Ungleichheit im irdischen Leben betrachtet er gar als gottgewollt. Entscheidend für den Christen ist gemäß Paulus' Ausführungen im ersten Korintherbrief die Befreiung durch Gott, die durch das Opfer Christi bereits stattgefunden hat, nicht die Befreiung durch Menschen. Er rät Sklaven gar ausdrücklich davon ab, die Freilassung anzustreben. Diese Empfehlung ist in der Forschung eingehend diskutiert worden. Möglicherweise propagiert Paulus den Verzicht auf Freilassung als spezielle Askeseleistung. Denkbar ist auch, dass er davon ausgeht, dass jemand, der mit seinem Dasein als Sklave besonders hadert, sich in gesteigerter Weise zum Sklaven von Menschen macht, was aus christlicher Perspektive ungünstig ist. Wir haben Hinweise darauf, dass Paulus hier auf tatsächliche Emanzipationsbestrebungen von Sklaven in der korinthischen Gemeinde und eventuell auch solchen an anderen Orten rekurriert. Speziell in der Gemeinde von Korinth kursieren offenbar divergierende Auffassungen bezüglich der Freiheit, die mit der Botschaft Christi verbunden ist. In Reaktion darauf schränkt Paulus den oben genannten Appell zur Freiheit ein, indem er die Mitglieder der Gemeinde ermahnt, die Freiheit nicht zu missbrauchen, sie nicht als Vorwand für ein ‚Leben nach dem Fleische' zu nehmen.

Im Kolosserbrief entwickelt er aus dem Umstand, dass die soziale Ordnung insgesamt gottgewollt sei, eine theologische Begründung für die Macht des Herrn über die Sklaven. Er führt aus, dass der Sklave, indem er seinem Herrn dient, tatsächlich Diener Gottes ist:

> **Q**   Ihr Sklaven, gehorcht euren irdischen Herren in allem! Arbeitet nicht nur, um euch bei den Menschen einzuschmeicheln und ihnen zu gefallen, sondern fürchtet den Herrn mit aufrichtigem Herzen! Tut eure Arbeit gern, als wäre sie für den Herrn und nicht für Menschen; ihr wisst, dass ihr vom Herrn euer Erbe als Lohn empfangen werdet. Dient Christus, dem Herrn! Wer Unrecht tut, wird dafür seine Strafe erhalten, ohne Ansehen der Person. (Kolosser 3,22–25)

Diesen Gedanken kennen wir etwa auch aus der paulinischen Begründung der kaiserlichen Herrschaft und der Aufforderung gerade an die Christen, dem Kaiser zu dienen (siehe dazu oben Kap. 2.2.1).

All das bedeutet jedoch nicht, dass Paulus jeglicher Veränderung in der Haltung zur Sklaverei, sofern sie den irdischen Bereich betrifft, eine Absage erteilt. Er äußert sich etwa über die Beziehung von christlichen Sklaven und ihren christlichen Herren. Hierzu vertritt er die Auffassung, dass beide sich künftig als ‚Brüder' ansehen sollten. Dadurch ändert sich nichts an ihrem rechtlichen Verhältnis, jedoch an der Einstellung zueinander. Überdies fordert er die christlichen Herren auf, ihre Sklaven gut zu behandeln.

Im Brief an Philemon (8–20) bittet Paulus seinen Adressaten, dem der Sklave Onesimos entlaufen ist, diesen nach seiner Rückkehr nicht, wie es auf der Grundlage der *patria potestas* üblich ist, zu bestrafen, sondern ihn als einen christlichen Bruder aufzunehmen. Für Paulus steht aber offenbar außer Frage, dass dieser Sklave, der zu ihm selbst gekommen ist, den er hat taufen lassen und den er gern bei sich behalten hätte, zu seinem Herrn zurückzuschicken ist.

Empfehlungen, Sklaven zwar nicht als Brüder und Schwestern, aber doch als (Mit-)Menschen anzuerkennen, begegnen in der frühen und hohen Kaiserzeit auch in zahlreichen philosophischen Schriften, die von stoischem Gedankengut geprägt sind. Die christliche Position ist also nicht grundsätzlich innovativ; neu ist aber die spezifisch christliche Begründung.

Die von Paulus angesprochenen Fragen werden in der Folgezeit immer wieder unter Christen diskutiert, wobei man stets auf die Argumente des Apostels rekurriert. Dabei verliert die Bemerkung zur Freiheit und Gleichheit aus dem Galaterbrief allerdings zunehmend an Bedeutung. In den Vordergrund rücken die anderen Gesichtspunkte, speziell die Auffassung, dass die angesprochene Gleichheit nur in Bezug auf Gott gelte, die weltliche Freilassung damit nicht (unbedingt) zu erstreben sei, dass christliche Herren ihre Sklaven aber ‚menschlich' zu behandeln hätten. Dabei wird Letzteres nicht so sehr aus Wohlwollen gegenüber der Person des Sklaven formuliert, sondern mit Blick auf Gott. So wird in der **Didache** (4,10) geraten, dass ein christlicher Herr einem christlichen Sklaven keine Anweisungen geben solle, wenn er selbst bitterer Stimmung sei. Andernfalls könne es geschehen, dass der Sklave den Respekt vor Gott verliere. Hier liegt wiederum die Vorstellung zugrunde, dass der Herr des Sklaven seine Macht im Auftrage Gottes ausübt. Eine ablehnende Haltung des Sklaven gegenüber dem Herrn kann daher – so die Vorstellung – dazu führen, dass er sich auch von Gott distanziert.

> **Didache**
> Die Didache, auch ‚Zwölf-Apostel-Lehre' genannt oder ‚Lehre des Herrn durch die zwölf Apostel an die Heiden' (die Handschriften nennen verschiedene Titel), ist die älteste der uns überlieferten Kirchenordnungen. Sie ist um 100 n. Chr. entstanden und in griechischer Sprache abgefasst.

Neben den Argumenten, die auf den Aussagen des Paulus gründen, wird spätestens im 3. Jahrhundert noch ein weiteres Moment angesprochen, das kritische Implikationen enthält, ohne die Sklaverei in Frage zu stellen. Es geht um die Tatsache, dass nun zuweilen auch Christen eine erhebliche Zahl von Sklaven besitzen. Gerade im Osten, wo in dieser Zeit nicht wenige Angehörige der gehobenen sozialen Schichten Christen werden, begegnet man diesem Phänomen. Die Kritik, die daran zuweilen geübt wird, betrifft allerdings nicht die Sklavenhaltung an sich, sondern die ungute Verwendung von Reichtum. Hier zielt man auf das Phänomen, dass die zahlreichen Sklaven als Bedienstete in Privathäusern eingesetzt werden, um ihren Herren ein luxuriöses Leben zu ermöglichen.

Eine generelle Empfehlung zur Freilassung von Sklaven findet sich in den christlichen Positionen zur Sklaverei kaum. Die meisten Christen, die Sklaven besitzen, verhalten sich diesbezüglich ähnlich wie die Heiden. So haben wir Hinweise auf Freilassungen auf der Basis des Freikaufs. Da der Sklave sich – auch wenn er über die notwendigen Mittel verfügt – nicht selbst befreien kann, weil er rechtlich als Sache gilt und nicht rechtsfähig ist, bedarf er eines Mittlers, der ihn freikauft. Ein solches Vorgehen ist nicht als

Auseinandersetzungen mit der Sklaverei bis ins 3. Jh.

E

Freilassung von Sklaven

spezifisch christlich anzusehen; es orientiert sich am römischen Recht und wird in gleicher Weise von *pagani* betrieben. Auch unter Juden wird der Freikauf praktiziert.

Einige christliche Autoren, die der Freilassung skeptisch gegenüberstehen, kritisieren das Verhalten von Glaubensbrüdern und -schwestern, die ihr Vermögen einsetzen, um Sklaven freizukaufen. Inwieweit ganze Gemeinden sich im Freikauf von Sklaven engagieren, indem sie zu dem Zweck Gemeindemittel einsetzen, ist umstritten. Die Quellenhinweise darauf sind nicht eindeutig. Belegt ist hingegen, dass Gemeinden alte Sklaven finanziell unterstützen, die von ihren Herren freigelassen werden, weil sie nicht mehr in der Lage sind zu arbeiten. Eine andere Praxis, die von Christen wie Heiden nicht selten durchgeführt wird, ist die testamentarische Freilassung von Sklaven durch ihre Herren.

Sklaven in der christlichen Gemeinde

Eine weitere Frage, die in dem Zusammenhang viel diskutiert wird, ist die nach der Stellung von Sklaven in der christlichen Gemeinde. Aus dem Umstand, dass alle Menschen vor Gott gleich sind, könnte doch gefolgert werden, dass zumindest in den christlichen Gemeinden keine Unterscheidung zwischen Freien und Sklaven vorgenommen wird – so die Annahme einiger moderner Autoren. Tatsächlich aber sind die Verhältnisse komplexer. Wir wissen, dass den frühen Gemeinden eine recht große Zahl von Sklaven angehört, wenn diese auch längst nicht die Mehrheit der Gemeindemitglieder bilden. Daraus lässt sich schließen, dass das Christentum für Sklaven eine erhebliche Attraktivität besitzt. Beim Eintritt in eine christliche Gemeinde werden Sklaven jedoch nicht in gleicher Weise behandelt wie die Freien. Sie können nur mit Zustimmung ihres Herrn Katechumenen werden. Allerdings fordert die Kirche das lediglich dann, wenn die Herren Christen sind. Hier ist nicht nur intendiert, die Erlaubnis des Herrn einzuholen, sondern es geht überdies darum, den Herren über den Lebenswandel des Sklaven zu befragen. Äußert der Herr sich positiv, so soll der Sklave gemäß der **Apostolischen Überlieferung** in die Gemeinde aufgenommen werden; andernfalls sei er abzuweisen.

E | **Apostolische Überlieferung**
Bei der Apostolischen Überlieferung (*Traditio apostolica*) handelt es sich um eine weitere Kirchenordnung. Sie ist wohl Anfang des 3. Jahrhunderts entstanden und wird vielfach dem christlichen Autor Hippolytos von Rom zugeschrieben.

Auch freie Bewerber werden nach ihrer Lebensführung befragt, sagen aber für sich selbst aus. Ist der Herr des Sklaven Heide, so wendet sich die Gemeinde nicht an ihn. In solchen Fällen ermahnt die Gemeinde den Sklaven aber, seinem Herrn gefällig zu sein, um nicht in schlechten Ruf zu geraten.

Bis heute ist nicht sicher geklärt, ob Sklaven in den ersten drei Jahrhunderten in den Klerus der christlichen Gemeinden eintreten können. Wir verfügen über entsprechende Quellenhinweise, die jedoch unsicher sind. In Ausnahmefällen sollen Sklaven sogar Bischöfe gewesen sein, was gleichfalls nicht zuverlässig bewiesen ist. Ein Beispiel ist der römische Bischof Callixtus, der bekannt dafür ist, dass er im Hinblick auf die Sklavenehe eine besonders tolerante Position vertreten hat. Er scheint tatsächlich zunächst

Sklave gewesen zu sein, ist jedoch bereits ein Freigelassener (*libertus*), als er in den Klerus eintritt. Die Apostolische Kirchenordnung, die aus dem späten 3. oder frühen 4. Jahrhundert stammt, schreibt vor, dass selbst Freigelassene nur dann Kleriker werden können, wenn ihre ehemaligen Herren zustimmen. Tatsächlich dürften nur sehr wenige Sklaven in den Rang eines Presbyters oder gar Bischofs gelangt sein.

Im Zusammenhang mit der Betrachtung der Ehe haben wir gesehen, dass es in christlichen Gemeinden Beispiele dafür gibt, dass Ehen zwischen Freien und Sklaven anerkannt werden. Dabei aber scheint es weniger darum zu gehen, die Sklaven den Freien gleichzustellen, als den freien Frauen, insbesondere den Angehörigen der Oberschicht, die Möglichkeit zu gewähren, eine Ehe mit einem Christen einzugehen. Seit dem 1. Jahrhundert ist es Frauen senatorischen Ranges allerdings seitens des Staates nicht mehr gestattet, unter ihrem Stand zu heiraten. Handeln sie dem zuwider, büßen sie ihren gesellschaftlichen Rang ein. Aufgrund der Tatsache, dass die Zahl der männlichen Angehörigen des Senatorenstandes unter den Christen speziell im Westen noch gering ist, müssen die Frauen, wenn sie heiraten möchten, entweder die rechtliche und soziale Degradierung in Kauf nehmen oder aber einen Heiden ehelichen. Es ist – nebenbei bemerkt – zu vermuten, dass diejenigen Christen, die sich für die Duldung von Ehen zwischen Christen und Heiden aussprechen, letztere Option erleichtern wollen. Andere suchen die betroffenen Frauen zu ermutigen, trotz der Konsequenzen einen Sklaven zu ehelichen. Inwieweit sie damit Erfolg haben, ist schwer einzuschätzen.

Ehen zwischen Sklaven und Freien

3.5 Haltungen zur antiken Bildung

Die Haltung zur antiken Bildung ist eine Problematik, mit der sich Christen eingehend beschäftigen. Es gibt keine christlichen Schulen, so dass Christen, die für ihre Kinder eine schulische Bildung wünschen, nur auf die herkömmlichen Einrichtungen zurückgreifen können. Dies trifft auf eine große Zahl von Christen besonders in den Städten zu. Die christlichen Autoren gehen von einem hohen Maß an Literalität bei den Christen aus, so dass sehr viele wenigstens das Lesen und Schreiben zu erlernen scheinen – das gilt zumindest für diejenigen, die in städtischem Umfeld leben.

Die elementare Bildungseinrichtung, die in der Kaiserzeit häufig eine öffentliche Schule ist, ist der *ludus*, in dem besonders die Grundfertigkeiten des Lesens und Schreibens vermittelt werden. Darauf baut der Unterricht beim *grammaticus* auf, in dem die Lektüre der antiken Texte im Vordergrund steht. Die höchste Ebene der Bildung stellt die philosophische oder rhetorische Unterweisung dar.

ludus und *grammaticus*

Der Erwerb der elementaren Bildung wird von den Christen im Allgemeinen gutgeheißen. Ihnen scheint es mehrheitlich wichtig, dass ihre Kinder zumindest im Lesen Kenntnisse erlangen. Dies wird auch unter christlichen Gesichtspunkten begründet, indem gewöhnlich der Anspruch erhoben wird, dass ein Christ möglichst in der Lage sein sollte, sich mit der Schrift auch in eigener Lektüre zu beschäftigen. Die meisten Christen vertreten –

soweit es sich auf der Basis der überlieferten Quellen einschätzen lässt – die Auffassung, dass es im *ludus* allein darum gehe, intellektuelle Basisfertigkeiten zu erlernen, und keine Inhalte vermittelt werden, die aus christlicher Perspektive problematisch sein könnten.

Anders verhält es sich mit dem Unterricht beim *grammaticus*. Hier werden speziell die Texte der antiken Autoren gelesen und rezitiert. Besonders intensiv beschäftigt man sich im lateinischen Bereich mit Vergil und Ovid, im griechischen mit Homer. Die Schüler werden also mit Mythen konfrontiert, was nicht wenigen Christen bedenklich scheint, so dass etliche christliche Autoren diesen Unterricht für Christen ablehnen. Sie bemängeln insbesondere die Darstellung paganer Götter, welche die Christen als nicht existent ablehnen, beziehungsweise lediglich für Dämonen halten. Weiterhin kritisieren sie, dass die in den Mythen agierenden Götter und Menschen Verhaltensweisen zeigen, die christlicher Moralität widersprechen, indem sie etwa töten oder Ehebruch begehen. Wir haben es also mit einer religiösen wie einer normativen Kritik zu tun.

Kritische Haltungen zur ‚Weltweisheit‘

Am eindringlichsten diskutieren Christen die höchste Stufe der Bildung, die philosophische und rhetorische Schulung. Dies geschieht oftmals in sehr pauschaler Form, indem die Philosophie gleichgesetzt wird mit der ‚Weisheit dieser Welt‘, die viele Christen zurückweisen. Sie berufen sich dazu besonders auf die Aussage Christi, die im Matthäus-Evangelium wiedergegeben ist:

In jener Zeit sprach Jesus: ‚Ich preise dich, Vater, Herr des Himmels und der Erde, weil du all das den Weisen und Klugen verborgen, den Unmündigen aber offenbart hast. Ja, Vater, so hat es dir gefallen. Mir ist von meinem Vater alles übergeben worden; niemand kennt den Sohn, nur der Vater, und niemand kennt den Vater, nur der Sohn und der, dem es der Sohn offenbaren will.‘ (Matthäus 11,25–27)

Hier sind besonders zwei Gesichtspunkte angesprochen, die in der Auseinandersetzung mit der ‚Weltweisheit‘ und ihren Vertretern immer wieder von Christen angeführt werden: zum einen die Tatsache, dass die christliche Botschaft nicht für die Gebildeten der Welt bestimmt sei, indem sie sich deren Zugriff entziehe, zum anderen das Moment, dass die Informationen über die Gegenstände der christlichen Lehre nicht durch weltliches Wissen, wie es die Philosophen erstreben, zu erlangen sei, sondern nur durch göttliche Offenbarung.

Vielfach zitiert wird auch die Sentenz des Paulus, mit der er christliche und weltliche Weise einander antagonistisch gegenüberstellt:

Denn die Weisheit dieser Welt ist Torheit vor Gott. In der Schrift steht nämlich: ‚Er fängt die Weisen in ihrer eigenen List.‘ Und an einer anderen Stelle: ‚Der Herr kennt die Gedanken der Weisen; er weiß, sie sind nichtig.‘ (1 Korinther 3,19f.)

Damit muss nicht unbedingt gesagt werden, dass im weltlichen Sinne gebildete Personen keine Möglichkeit hätten, sich der christlichen Lehre anzunähern. Sie müssen sich jedoch – so die Vorstellung – von der ihnen gewohnten Weise, Wissen zu erwerben, distanzieren.

Auch findet sich die Auffassung, dass die Tatsache, dass das Christentum im Unterschied zu philosophischen Lehren keine höhere Bildung fordert, ein besonderer Vorzug des Christentums sei. Der Syrer Tatian etwa, der die griechische Philosophie besonders nachdrücklich zurückweist, bemerkt dazu in seiner ‚Rede an die Griechen': *„Nicht nur die Reichen philosophieren bei uns, sondern auch die Armen haben unentgeltlich am Unterricht teil"* (*Oratio ad Graecos* 32).

Kritische Positionen zur Philosophie und anderen traditionellen Wissensgebieten werden besonders im Westen formuliert. Die Kritiker warnen speziell noch ungefestigte Christen davor, heidnische Bücher zu lesen, weil sie dadurch aus christlicher Sicht zu irrigen Auffassungen verleitet werden könnten. Das muss nicht heißen, dass die Kritiker kein Verständnis dafür aufbringen, dass die Menschen Interesse etwa an Philosophie oder Dichtung haben. Als Reaktion auf solche Bedürfnisse entwickeln sie aber die Ansicht, dass Ähnliches auch in der Bibel zu finden sei, so dass es nicht notwendig ist, sich mit den paganen Schriften zu beschäftigen, wenn man hieran Interesse hat. In den *Didascalia Apostolorum* heißt es dazu beispielsweise:

> Wenn du Geschichtsschreibung lesen willst, hast du das Buch der Könige; wenn du aber Sophistisches und Poetisches lesen möchtest, hast du die Propheten, bei denen du eine bessere Darstellung der gesamten Dichtkunst und Sophistik finden wirst, weil es die Weisheit und die Klänge Gottes sind, der allein weise ist. (*Didascalia Apostolorum* 1,6,4)

Als Begründung für den Verweis auf die Bibel wird also angeführt, dass das Wissen, welches dort präsentiert ist, von höherer Qualität sei als das der heidnischen Schriften, da die biblischen Ausführungen sich aus dem Wissen Gottes nähren. Hier handelt es sich um ein verbreitetes Argument, mit dem oft operiert wird, wenn die absolute Überlegenheit der christlichen Lehre gegenüber der Philosophie propagiert werden soll: Das christliche Wissen stamme von Gott, das der Philosophie von Menschen. Diese Überlegung findet sich im Übrigen auch bei Christen, die sich für die Beschäftigung mit der Philosophie aussprechen. Solche Personen argumentieren zuweilen, dass die Philosophie teilweise Göttliches und damit auch im christlichen Sinne Wahres enthalte. Diejenigen, welche die Philosophie ablehnen, bemerken dazu eher, die Philosophen hätten das entsprechende Wissen lediglich aus den Schätzen, die Mose im Alten Testament niedergelegt habe, ‚entwendet'. An der göttlichen Vernunft (*logos*) hätte sie damit keineswegs Anteil.

Christen, welche die Philosophie zurückweisen, tadeln weiterhin, dass es den Philosophen primär um das Streben nach der Weisheit gehe, nicht so sehr um die Weisheit selbst. Kritisch wird zur Philosophie auch bemerkt, dass sie nicht einheitlich, sondern in verschiedene Schulen geteilt sei, welche miteinander um die Wahrheit stritten und die jeweils anderen als töricht betrachteten. Aus diesem Umstand lasse sich folgern, dass die Philosophie nicht zur Weisheit führe – so eine typische Einschätzung der christlichen Gegner der Philosophie.

Affirmative Haltungen zur ‚Weltweisheit'

Neben der Absage an die Philosophie lassen sich aber auch in vorkonstantinischer Zeit schon Versuche ausmachen, zwischen sogenannter heidnischer Bildung und christlicher Lehre zu vermitteln. Belege dafür haben wir besonders bei griechischen Autoren. Grund dafür ist, dass die Philosophie im griechischen Kulturraum in den gehobenen sozialen Schichten traditionell ein hohes Ansehen genießt, und sich gerade in der Kaiserzeit viele Angehörige dieses Personenkreises speziell über ihre Bildung definieren. Viele Kleriker zeigen sich bestrebt, auch solche Menschen für die christliche Lehre zu gewinnen, oder wollen zumindest der Skepsis begegnen, die von dieser Seite gegenüber der christlichen Religion formuliert wird. Sie stellen sich auch dem unter gebildeten Heiden verbreiteten Vorwurf, die christliche Lehre sei mit der Vernunft nicht erfassbar und daher irrational, und suchen ihn auszuräumen.

Derartige christliche Autoren machen deutlich, dass es Personen, die eine philosophische Bildung erfahren haben, nicht nur möglich ist, sich dem Christentum anzunähern, sondern dass sie sich sogar weiterhin mit Philosophie beschäftigen können, nachdem sie Christen geworden sind.

Eine Einschränkung wird aber insofern vorgenommen, als es nötig sei, unter den Philosophien eine Auswahl zu treffen und sie überdies in richtiger Weise zu verwenden. Wir stoßen hier also auf die gleiche Überlegung, die wir schon bei der Beschäftigung mit dem Reichtum kennen gelernt haben: Der ‚rechte Gebrauch' wird als ein wesentliches Kriterium im Umgang mit Dingen empfohlen, die nicht originär christlich sind und – bei verkehrter Verwendung – für den Christen gefährlich werden können.

Das Kriterium des ‚rechten Gebrauchs'

Ein entschiedener Vertreter dieser Haltung ist Clemens von Alexandrien, der sich in seinen *Teppichen* eingehend mit der Thematik beschäftigt. Er setzt sich auch kritisch mit den Christen auseinander, die das Streben nach Wissen gänzlich ablehnen, propagiert sogar, dass sich Christen ausdrücklich mit der ‚Weltweisheit' beschäftigen sollten, da sie dabei Kenntnisse erwürben, die sie bei der Beschäftigung mit der christlichen Lehre mit Gewinn anwenden könnten.

In diesem Sinne schlagen christliche Autoren wie Clemens oder Origenes vor, alle Disziplinen vorbehaltlos auf Informationen hin zu durchforsten, die für spezifisch christliche Ziele, das heißt vor allem zum besseren Verständnis und zur leichteren Vermittlung der *doctrina christiana*, dienlich scheinen. Dabei können sämtliche philosophische Schriften herangezogen werden; ausgeschlossen werden allein diejenigen, deren Verfasser eine Gottesvorstellung aufweisen, die mit der christlichen gänzlich unvereinbar ist, oder die gar eine agnostizistische oder atheistische Haltung einnehmen. Besonders nützlich scheint auch der Rekurs auf Methoden der Textinterpretation und auf die Dialektik. Diese hält man für hilfreich, um scheinbar Unverständliches und vermeintliche Widersprüche in der Schrift aufzulösen. Dabei geht es nicht zuletzt darum, deutlich zu machen, dass die christliche Lehre keineswegs als widersinnig aufzufassen sei.

Die Christen, die sich zugunsten der Beschäftigung mit der antiken Bildung aussprechen, verschweigen aber keineswegs, dass bei aller Offenheit aus christlicher Sicht doch grundsätzliche Differenzen zum paganen Verständnis von Wissen bestehen. Beispiele dafür finden wir in der Replik des

Origenes auf den Philosophen Kelsos: Origenes hält Kelsos die oben zitierte Sentenz des Paulus vor, mit der dieser zwischen der ‚Weltweisheit' und der Weisheit bei Gott unterscheidet. Er bemerkt dazu, dass Paulus nicht der Weisheit, sondern lediglich der Weisheit der Welt eine Absage erteilt habe. Origenes schließt sich dieser Differenzierung der Weisheit an, während Kelsos nur eine Weisheit anerkennt, nämlich diejenige, um die sich die Philosophie bemüht, und die die christliche Lehre als Torheit ansieht. Überdies weisen christliche Autoren wie Clemens und Origenes darauf hin, dass Wissen in christlichem Verständnis nur in Verbindung mit dem Glauben möglich sei.

3.6 Theater, Spiele und Feste

Das Theater spielt im öffentlichen Leben der griechischen und römischen Welt eine zentrale Rolle. Auch ein Großteil der Christen möchte sich dem nicht entziehen. Viele Christen äußern, dass sie persönlich Gefallen an Theateraufführungen finden. Zudem fürchten sie unangenehme Reaktionen ihrer Umwelt, wenn sie dem Theater fernbleiben.

Theater

Seitens der Kirchenvertreter gibt es jedoch Bedenken gegen das Theater, die im griechischen Osten und im lateinischen Westen übereinstimmend formuliert werden. Dabei lassen sich zwei Kritikpunkte unterscheiden: Der eine ist religiöser Natur und zielt darauf, dass das Theater unlösbar mit der paganen Religion verbunden sei. Theater sind zu Ehren von Göttern gegründet worden und Theateraufführungen finden im Rahmen von Festen statt, die ebenfalls heidnisch-religiösen Ursprungs sind. Der andere Kritikpunkt betrifft den Inhalt der Stücke: Mehrheitlich werden mythische Stoffe verarbeitet, die sowohl unter religiösen wie unter moralischen Gesichtspunkten problematisch scheinen. Die gleichen Überlegungen haben wir schon im Zusammenhang mit der antiken Bildung kennengelernt. Dabei stehen die ethischen Beanstandungen im Vordergrund. So wird etwa bemängelt, dass in den Stücken Ehebruch bei Göttern wie Menschen inszeniert wird, außerdem die Tötung und teilweise sogar der Verzehr von Menschen.

Demgegenüber führt man an, dass Christen sich an gänzlich anderen Normen orientieren sollten: Sie lebten in Monogamie, übten Enthaltsamkeit, praktizierten Gerechtigkeit und anderes. Die Darbietungen im Theater könnten besonders auf noch ungefestigte Christen schlechten Einfluss ausüben – so eine verbreitete Sorge. Moralische Bedenken werden gelegentlich auch hinsichtlich des Geschehens im Publikum formuliert, wo Männer und Frauen dichtgedrängt nebeneinander sitzen, es leicht zu ungebührlichem Verhalten kommt, schlimmstenfalls gar Unruhen entstehen, die ein erhebliches Ausmaß annehmen können.

Ein weiteres Monitum, das zuweilen zur Sprache gebracht wird, betrifft die hohen Kosten, die mit den Aufführungen verbunden sind. In dem Zusammenhang werden speziell die Angehörigen der oberen sozialen Schichten, die solche Veranstaltungen stiften, kritisiert, weil sie ihr Vermögen verschwendeten, statt es in einer aus christlicher Sicht guten Weise einzusetzen.

Ein anderer Weg, mit dem Bedürfnis der Christen nach ,Schauspielen' umzugehen, besteht darin, ihnen alternativ zum Theater den Kirchenbesuch zu empfehlen, der als ähnlich reizvoll empfunden werden könne. Einen Vorteil gegenüber den Schauspielen sehen christliche Autoren darin, dass die Christen in der Kirche Umgang mit einer – nach ethischen Kriterien – besseren Gesellschaft pflegten. Intention dabei ist allerdings weniger, ein Äquivalent zu den Schauspielen zu bieten. Es geht eher darum, eine strikte Abgrenzung zu propagieren, indem man sich als Christ der heidnischen Gesellschaft, die im Theater zusammenkommt, entzieht und sich stattdessen einer anderen Gemeinschaft zuwendet. Die Wirkung derartiger Ratschläge ist allerdings gering, wie wir aus christlichen Texten wissen.

Spiele   Neben dem Theater geraten auch die Spiele in den Blick christlicher Kritik, das heißt besonders die Gladiatorenkämpfe, Wagenrennen und sonstigen Formen athletischer Wettbewerbe. Hier scheint es besonders schwer zu vermitteln, dass diese Veranstaltungen einen heidnisch-religiösen Hintergrund haben. Ähnlich wie beim Theater legen die Kleriker den Schwerpunkt auf die moralische Kritik, speziell das Töten im Bereich der Gladiatorenkämpfe und das ungute Umfeld im Amphitheater und den anderen Stätten, an denen Spiele ausgetragen werden.

Feste   Eng miteinander verbunden sind Beschäftigungen mit Spielen und Festen. Dabei geht es vor allem darum, dass Christen an herkömmlichen städtischen Festen teilnehmen, die eine bedeutende Rolle im öffentlichen Leben spielen. In der kritischen Auseinandersetzung damit steht das religiöse Moment im Vordergrund: Feste werden zu Ehren von Göttern veranstaltet. Im Rahmen von Festen finden speziell auch Opfer statt, und es wird erwartet, dass die Bürger Opferfleisch erwerben. Um der Neigung von Christen, dennoch an Festen zu partizipieren, entgegenzuwirken, bemerken einige christliche Autoren, dass Christen keiner Festivitäten im herkömmlichen Sinne bedürften. Origenes etwa formuliert hierzu:

Ein Fest nämlich ist, wie einer der griechischen Weisen trefflich sagt, nichts anderes, als seine Pflicht zu erfüllen. Und in Wahrheit feiert ein Fest derjenige, der seine Pflicht erfüllt, immer betet und beständig in den Gebeten, die er an Gott richtet, unblutige Opfer darbringt. (Origenes, *Contra Celsum* 8,21)

Der Versuch, auf eine heidnische Auffassung zu rekurrieren, gelingt hier tatsächlich nicht. Mit dem ,griechischen Weisen' ist der athenische Geschichtsschreiber Thukydides gemeint, der Vertreter der Polis Korinth im Vorfeld des Peloponnesischen Krieges in Sparta eine Rede halten lässt, in der sie die Kriegslust und Aggressivität der Athener kritisieren, die so weit führe, dass diese sich ihr ganzes Leben mit Kriegsangelegenheiten plagten und kein anderes Fest kennen würden, als gerade das Nötige zu tun (Thukydides 1,70). Der Umstand, dass die Athener angeblich keine Feste feiern, wird hier also mit kritischer Implikation formuliert und eignet sich nicht als Anknüpfungspunkt für Origenes. Auch gibt er die Aussage des Thukydides offensichtlich unkorrekt wieder.

Ein Grund für die Tatsache, dass Christen keine eigenen Feste benötigen, ist nach Origenes also das Faktum, dass sie keine fleischlichen Opfer darzubringen brauchen. Auch dies ist Christen nicht ohne weiteres verständlich zu machen. Eine Schwierigkeit liegt darin, ihnen zu vermitteln, dass der Christengott auf keinerlei materielle Gaben angewiesen ist, sondern dass ihm allein Verehrung und Frömmigkeit geschuldet werden.

Die Position des Origenes ist keineswegs *communis opinio* in der Kirche. Vielmehr zeigen viele Bischöfe Verständnis für das Bedürfnis der Gemeinden nach Festen, die in ihrer Gestaltung den herkömmlichen ähneln. Es werden sogar Verbote erlassen, an Sonn- und Feiertagen zu fasten.

II. Antike und Christentum – die Spätantike

1. Das Christentum in der Spätantike

1.1 Ausbreitung des Christentums in der Spätantike

In der Spätantike ändern sich die Bedingungen für die christliche Kirche wesentlich. Das Christentum wird seit dem Edikt des Galerius staatlicherseits toleriert, ab Konstantin entschieden gefördert und schließlich unter Theodosius I. zur Staatsreligion erhoben (siehe hierzu Kap. 1.2). Diese staatliche Protektion, die mit einer mehr oder weniger entschiedenen Bekämpfung der heidnischen Kulte durch den Staat einhergeht, beschert der Kirche im 4. Jahrhundert einen immensen Zulauf.

Systematische Missionierung? Man könnte nun meinen, dass die Kirche die neuen Bedingungen nutzte, um eine großangelegte systematische Missionierung des Reiches zu betreiben. Dies aber geschieht nicht. Grund dafür ist zum einen die Tatsache, dass die Kirche nicht über die dazu notwendige Organisationsstruktur verfügt, zum anderen die Überzeugung, dass die Verbreitung des Christentums in der Zuständigkeit Gottes liege und daher nicht von Menschen gezielt geplant und umgesetzt werden könne. Ab der zweiten Hälfte des 4. Jahrhunderts vertreten viele Kleriker überdies die Ansicht, dass das Reich bereits weitestgehend christianisiert sei, so dass sich die Frage nach der Mission innerhalb des Imperium Romanum aus ihrer Sicht erübrigt. Tatsächlich verhält es sich, was die Verbreitung des Christentums im Reich betrifft, anders. Positionen wie die eben genannte sind eher darauf zurückzuführen, dass man kirchlicherseits von dem Problem ablenken möchte, dass es noch immer zahlreiche Heiden gibt und viele Christen sich nicht so klar von den heidnischen Kulten distanzieren, wie es die Kirche gern sähe. Mit der Zeit schließen sich auch die Kaiser dieser Haltung an. So propagiert Theodosius II. im 5. Jahrhundert, dass es in seinem Reich keine Heiden mehr gebe. Der Historiker Peter Brown spricht angesichts dessen von einer ‚Ideologie des Schweigens'.

In der Praxis bemühen sich die Kleriker der einzelnen Gemeinden um die Missionierung. Sie beschränken sich meist auf die Stadt, in der sich ihre Gemeinde befindet und beschäftigen sich kaum mit dem Umland. Auch konzentrieren sie sich mehrheitlich auf die Personen, die selbst den Weg zu ihnen in die Gemeinde finden. Erst ganz allmählich entstehen auch Kirchen außerhalb der Städte. Diese werden ähnlich organisiert wie die ‚Nebenkirchen', die sich – wie wir schon gesehen haben – in einigen großen Städten herausgebildet haben: Sie bleiben der Bischofskirche unterstellt, können von einem Presbyter beziehungsweise Presbyterkollegium vor Ort geleitet werden oder von einem Kleriker, der an der jeweiligen Bischofskirche ansässig ist. Wenn sie unter der Ägide eines Presbyters stehen, darf dieser im Normalfall alle priesterlichen Aufgaben wahrnehmen, das heißt, er ist auch berechtigt, die Sakramente zu spenden. Im Osten kommt es in einigen Regionen vor, dass ländliche Gemeinden eigene Bischöfe erhalten, die sogenannten ‚Chorbischöfe' (‚Bischöfe für das Land' nach griech. *chóra* = Land).

Nach wie vor haben wir es hinsichtlich der Verbreitung der christlichen Religion mit einem Ungleichgewicht zwischen Ost und West zu tun. Der Osten ist noch immer weitaus stärker christianisiert als der Westen. Genau spezifizieren lässt sich dies jedoch nicht. Spätestens im 5. Jahrhundert bilden die Heiden im Osten eine verschwindende Minderheit. Die größte Dichte an christlichen Gemeinden haben wir hier in Palästina, Syrien und dem westlichen Kleinasien. Auch in Ägypten gibt es zahlreiche Gemeinden. Im Westen finden wir die größte Zahl in Mittel- und Süditalien (besonders in Rom und Umgebung sowie in Kampanien), in Südspanien und in Nordafrika. Im Unterschied zum Osten stoßen wir im Westen auf ausgedehnte Regionen, in denen nur sehr wenige oder überhaupt keine christlichen Gemeinden existieren. Ost und West

Im Westen zeigen sich speziell die männlichen Angehörigen der sozialen Oberschicht noch sehr zögerlich, Christen zu werden. Die Tatsache, dass seit Konstantin – abgesehen von Julian – auch sämtliche Kaiser Christen sind beziehungsweise werden, hat darauf wenig Einfluss. Besonders die Senatoren, welche in Rom die traditionellen Ämter anstreben, distanzieren sich vom Christentum. Dies ändert sich erst im Verlauf des 5. Jahrhunderts, als im Westen die Strukturen des römischen Staates infolge der Germaneneinfälle brüchig werden, die Kaiser an Einfluss verlieren und die Zentralverwaltung kaum mehr in die einzelnen Regionen vordringt. In dieser Zeit übernehmen die christlichen Gemeinden mehr und mehr Aufgaben des Staates. Dies erhöht ihre Attraktivität für Senatoren erheblich: Nun ist es möglich, im Rahmen kirchlicher Ämter Herrschafts- und Verwaltungsfunktionen auszuüben. Damit können Senatoren im 5. Jahrhundert in der Kirche tätig werden, ohne ihr gewohntes Rollenverständnis aufgeben zu müssen. Soziale Eliten im Westen

Eine weitere große Gruppe, in der die christliche Religion über lange Zeit auf wenig Resonanz stößt, ist die Landbevölkerung. Die Kleriker in den städtischen Gemeinden schenken ihnen kaum Aufmerksamkeit. Ausgeprägte Ansätze zur Christianisierung der Landbewohner zeigen sich im Westen erst, als die Besitzer der großen Ländereien selbst zum Christentum übertreten und zum Teil auf ihren Arealen christliche Gemeinden gründen. Diese üben zuweilen massiven Druck auf die Menschen auf ihrem Land aus, um sie zu motivieren, in die Kirche zu gehen. Mit derartigen ‚Zwangskonversionen' setzen sich einige christliche Autoren kritisch auseinander. Besonders Augustinus, der dem Moment der Willensfreiheit große Bedeutung zuschreibt, hält solche Konversionen für inakzeptabel. Grundsätzlich aber sprechen sich die Kleriker dafür aus, dass die Großgrundbesitzer sich um die Missionierung der Menschen, die meist als Kolonen auf ihren Ländereien leben und arbeiten, bemühen. Einige Bischöfe bemängeln, dass dies nicht intensiv genug geschieht. Besonders im Westen fordern sie die Landbesitzer auf, zumindest dafür zu sorgen, dass die betreffenden Personen sich des Götzendienstes enthalten. Im Osten bemühen sich vielfach auch die Mönche um die Christianisierung der Landbevölkerung. Sie gehen oftmals sehr rigoros vor und scheuen auch vor Gewalt nicht zurück, wenn die Menschen sich nicht von heidnischen Kulten distanzieren. Landbevölkerung

Ein zentrales Problem im ländlichen Raum besteht darin, dass das Christentum den Bedürfnissen der Bauern kaum gerecht wird. Es antwortet nicht auf die Sorge vor Dürre, Überschwemmungen, Erkrankungen der Pflanzen und des Viehs etc. Entsprechend braucht es nicht zu verwundern, dass das Christentum hier nur sehr zögerlich angenommen wird. Auch nachdem sie offiziell Christen geworden sind, betreiben viele Menschen auf dem Lande weiterhin pagane Praktiken. Der Umstand, dass der Heide und der Landbewohner von den Christen mit dem gleichen Begriff bezeichnet werden – nämlich *paganus* – hat nicht zuletzt damit zu tun.

Zulauf zu den christlichen Gemeinden   Ungeachtet dieser Schwierigkeiten auf dem Lande erfahren die meisten Gemeinden im Osten wie im Westen ab dem 4. Jahrhundert großen Zulauf. Dies gereicht der Kirche zwar zur Freude, stellt aber zugleich ein nicht unerhebliches Problem für sie dar: Viele Menschen entscheiden sich nicht aus einer intrinsischen Motivation heraus, Christen zu werden, sondern tun dies etwa, weil sie eine Christin ehelichen oder mit einer Kirchengemeinde Geschäftsbeziehungen aufnehmen möchten. Besonders in Städten, in denen die Christen die Mehrheit der Bevölkerung darstellen, entsteht ein erheblicher sozialer Druck auf Anhänger der heidnischen Kulte. Ein Großteil der Personen, die sich nun der Kirche zuwenden, verfügen außerdem kaum über Informationen über das Christentum.

Für die Bischöfe, Presbyter und Diakone gestaltet es sich als schwierig damit umzugehen, da es ihnen angesichts der großen Zahl von Menschen, mit denen sie nun zu tun haben, nicht mehr möglich ist, sich den Einzelnen in notwendigem Umfang zu widmen. In der Zeit des Prinzipats war ein intensiver meist dreijähriger Katechumenat üblich, in dem die Motivation der Bewerber eingehend geprüft und sie dezidiert in der christlichen Lehre geschult wurden, bevor sie dann die Taufe empfingen.

Probleme beim Katechumenat   Der Katechumenat wird zwar weiterhin praktiziert, allerdings, ohne dass eine entsprechend tiefgehende Unterweisung möglich ist. Die Diakone und Presbyter beschränken sich meist darauf, ihre Hörer mit den Grundelementen des Glaubens zu konfrontieren. Auch das aber ist oftmals mit Schwierigkeiten verbunden. Beispielsweise erweist es sich als nicht einfach zu vermitteln, dass Christen nur einen Gott verehren. Gleiches gilt für die Frage, was überhaupt unter Glauben zu verstehen ist. Entsprechend bemerkt etwa Augustinus in mehreren Predigten bezüglich des Christusglaubens, dass es ein Unterschied sei, ob jemand lediglich glaube, dass Christus gelebt habe, oder ob er tatsächlich an ihn glaube.

In seiner Schrift *Über die Unterweisung der Katechumenen* (*De cathechizandis rudibus*) gibt Augustinus einem Diakon Hinweise, wie er bei der Schulung zu verfahren hat. Er rät beispielsweise, mit einer Erzählung der Erlösungsgeschichte zu beginnen, die mit den Büchern Mose einsetzt und bis in die Gegenwart reicht. Dabei soll er aber weder Vollständigkeit anstreben, noch komplexe Bibelstellen in den Blick nehmen. Als sinnvoll propagiert Augustinus eine zusammenfassende Darstellung, welche besonders anschauliche Momente in den Vordergrund rückt. Wichtige Themen, die dabei zur Sprache kommen sollten, sind die Schöpfung der Welt, der Sündenfall einschließlich seiner Konsequenzen für die christliche Lehre, das Leiden und die Kreuzigung Christi, die Auferstehung und die Ausgießung des Heiligen Geistes, schließlich die Tatsache, dass mit dem Jüngsten Gericht die endgültige Scheidung von Gerechten und Ungerechten vorgenommen werde. Dazu räumt er ein, dass all dies keineswegs leicht zu kommunizieren sei. Speziell mit der Auferstehung tun sich viele Katechumenen schwer. Sie zeigen sich besonders deshalb überfordert, weil das Phänomen mit menschlicher Vernunft nicht zu erfassen ist sowie außerhalb des sinnlich Wahrnehmbaren und der menschlichen Handlungsmöglichkeiten liegt. Augustinus empfiehlt daher, sich anfänglich möglichst auf sinnlich Perzeptibles zu konzentrieren. Außerdem rät er dem Diakon, die Katechumenen mit Wundern und Zeichen zu konfrontieren, die hohe Anschaulichkeit gewährleisten und im Allgemeinen von den Hörerinnen und Hörern als faszinierend begriffen werden. Er präsentiert zwei Musterkatechesen, an denen sich der Diakon orientieren kann.

Vielfach kommt es vor, dass Menschen sich taufen lassen, ohne über die christliche Lehre und christliche Normen informiert zu sein. Die Kirche beschäftigt sich angesichts dessen intensiv mit der Frage, welche Erwartungen sie an Taufkandidaten stellen kann beziehungsweise muss und welche Personenkreise gegebenenfalls von der Taufe auszuschließen sind. Dabei geht es sowohl darum, die Betreffenden vor voreiligem Handeln zu bewahren, als auch die Kirche vor gänzlich uninformierten und unvorbereiteten Männern und Frauen zu schützen. Die Taufkandidaten erfahren vor ihrer Taufe, die in der Osternacht stattfindet, noch eine spezielle Unterweisung, die mehrere Wochen andauert, aber vielfach auch nicht dazu führt, dass die Bewerber vertiefte Kenntnisse erhalten.

Probleme bei der Zulassung zur Taufe

Viele Männer und Frauen haben offenbar nur recht vage Vorstellungen vom Sakrament der Taufe. Sie schreiben ihm oft eine magische Wirkung zu, verstehen es als ein Ritual, durch das Heilung bewirkt oder Schutz vor Krankheiten erlangt wird. Der tatsächliche Sinn der Taufe scheint schwer vermittelbar, so dass einige Kleriker die Auffassung vertreten, die Taufbewerber sollten erst als Neophyten, also nach Empfang der Taufe, über den Taufakt und seinen Sinngehalt informiert werden. Einige äußern auch die Sorge, die Katechumenen könnten Fehlerhaftes über die Taufe in Umlauf setzen, wenn sie Informationen erhalten, die sie noch nicht verstehen. In dem Zusammenhang rekurrieren Kleriker teilweise auch darauf, dass viele Taufbewerber die Taufe als ein *mysterium* begreifen. Dieser Umstand kann als Argument dafür verwendet werden, Wissen über die Taufe vor den Katechumenen geheim zu halten.

Daneben gibt es aber auch Taufbewerber, die über Ablauf und Sinn der Taufe recht gut informiert sind. Sie haben schon davon gehört, dass das Sakrament eine Zäsur im Leben eines Christen darstellen soll. Ihnen ist zudem bekannt, dass der Sündenerlass eine zentrale Rolle bei der Taufe spielt, der Getaufte dadurch gar zu einem ,neuen Menschen' wird. Diese Personen entwickeln zum Teil sehr hohe Erwartungen an das Sakrament: So hoffen sie nicht nur auf die Sündenvergebung, sondern gehen davon aus, dass es ihnen nach der Taufe sehr viel leichter fallen wird, zu glauben und als Christen zu leben. Einige von ihnen zeigen sich sehr enttäuscht, wenn das nicht eintritt.

Weitgehend einig sind sich die Kirchenvertreter, dass die Angehörigen einiger Berufe nicht getauft werden sollten, solange sie ihre Tätigkeit nicht aufgeben. Wir kennen auch etliche Synodalbeschlüsse zu der Thematik. Besonders betroffen sind Schauspieler, Gladiatoren, Prostituierte und Menschen, die mit paganen Kulten zu tun haben. Hier ist kein wesentlicher Unterschied zur vorkonstantinischen Zeit auszumachen.

Schwierig gestaltet sich der Umgang mit Personen, die – unabhängig von ihrer beruflichen Tätigkeit – Verhaltensweisen zeigen, die aus christlicher Perspektive nicht hinnehmbar sind. Dies wird von den Klerikern besonders am Beispiel von Ehebrechern zur Sprache gebracht. Im Umgang mit diesen verhalten sich die Gemeinden unterschiedlich: Einige Bischöfe weisen deren Ansinnen, die Taufe zu empfangen, zurück. Andere lassen sie zu, vertreten zum Teil die Position, dass diese Bewerber in besonderem Maße der Sündenvergebung bedürften und die Taufe als Chance für einen Neuanfang in ihrer Lebensführung nutzen könnten.

Das gleiche Problem stellt sich bei Männern und Frauen, die pagane Praktiken betreiben. Die Mehrzahl der Bischöfe, die sich dazu äußern, vertritt die Ansicht, dass solches spätestens nach der Taufe nicht mehr zu dulden sei. Ihnen ist jedoch bewusst, dass viele Katechumenen gar nicht wissen, was unter *idololatria* zu verstehen ist, und daher für ihr Fehlverhalten gar nicht zur Verantwortung zu ziehen sind. Angesichts dessen halten sie es für wichtig, die betreffenden Personen zu taufen, in der Hoffnung, dass sie als Neophyten die entsprechenden Kenntnisse erwerben und sich dann in ihrem Verhalten daran orientieren. Wer sich nach der Taufe in massiver Weise vergeht, kann – je nach Schwere des Falles – mit einer öffentlichen Buße belegt, von der Kommunion ausgeschlossen oder schlimmstenfalls exkommuniziert werden.

Neben der Taufe von Erwachsenen wird in einigen Regionen des Reiches auch bereits die Taufe von Kindern betrieben. Über diese aber kommt es zu erheblichen Kontroversen. Können Kinder wie alle anderen Getauften zu den ‚Gläubigen‘ gerechnet werden, auch wenn sie noch zu jung sind, um aktiv zu glauben? Genügt die Taufe für die Erlangung des Seelenheiles? Sind also Glaube und Ausrichtung auf christliche Normen gar nicht notwendig? Wie ist zu verfahren, wenn diejenigen, die als Kinder getauft worden sind, es im späteren Alter versäumen, die Grundzüge der christlichen Lehre zu erlernen? Solche und ähnliche Fragen werden innerhalb der Kirche intensiv diskutiert. Auch so mancher Erwachsene, der die Taufe empfangen möchte, ohne sich den Verhaltenserwartungen der Kirche zu beugen, rekurriert darauf: Wie können ihm Bedingungen gestellt werden, die für getaufte Kinder nicht gelten?

Aufschub der Taufe

Ähnlich ungünstig wie die verfrühte Taufe ist aus Sicht der Kirche die Tatsache, dass sehr viele Männer und Frauen die Taufe erst gegen Ende ihres Lebens empfangen. In der Spätantike verhält es sich im Allgemeinen so, dass bereits die Katechumenen als Christen betrachtet werden und im formalen Sinne der Kirche angehören – man zählt sie zwar nicht zu den ‚Gläubigen‘ (*fideles*), aber doch zu den Christen (*christiani*). Einige der Personen, die den Empfang des Sakraments aufschieben, glauben, der Taufe nicht zu bedürfen, wenn sie bereits Katechumenen geworden sind und in ihrem Verhalten christlichen Prämissen entsprechen. Um ihr Tun zu rechtfertigen, verweisen sie zum Teil darauf, dass andere, die getauft sind, sich sehr viel schlechter aufführten. Häufiger noch begegnet das Phänomen, dass den

Menschen bewusst ist, dass sie als Getaufte in höherem Grade christlichen Prinzipien zu genügen haben als vor der Taufe. Da sie der Ansicht sind, dem nicht gewachsen zu sein, verschieben sie die Taufe. Vielen ist bekannt, dass die Taufe eine Vergebung der Sünden leistet. Diesen Sündenerlass möchten sie sich bis zum Ende ihres Lebens ‚aufsparen‘, weil sie davon ausgehen, erneut zu sündigen, wenn sie ihr Leben nach der Taufe fortsetzen. Einige ziehen daraus die Konsequenz und nehmen sich nach der Taufe das Leben. Dieses Vorgehen weist die Kirche entschieden zurück; besonders Augustinus äußert sich dazu. Er weist darauf hin, dass der Suizid selbst eine Sünde darstelle und daher keine adäquate Lösung für das Problem bedeute. Der Kirchenvater bemerkt dazu unter anderem:

> Damit bleibt nur der eine, bereits von mir genannte Grund, weshalb jemand es für angemessen halten könnte, sich selbst zu töten, nämlich dass er vermeiden möchte, in Sünde zu verfallen, wenn Lust ihn lockt oder Schmerz ihn bedroht. Wollten wir aber diesen Grund zulassen, so würde er uns zwingen, sämtlichen Menschen zu raten, Selbstmord zu begehen, sobald sie durch das Bad der heiligen Wiedergeburt Vergebung sämtlicher Sünden erlangt haben. Denn dann wäre es der rechte Zeitpunkt, allen Sünden vorzubeugen, wenn alle vergangenen getilgt sind. (…) Ist es aber töricht, sogar unsinnig, sich so zu verhalten oder zu empfehlen, in welcher Haltung kann man dann einem Menschen sagen: ‚Töte dich, wenn du von sämtlichen Sünden freigesprochen bist, damit du nicht neuerlich die gleichen oder sogar noch schlimmere Sünden begehst, da du in einer Welt lebst, die dich mit so vielen unreinen Lüsten lockt, dich mit so vielen schändlichen Grausamkeiten bedroht und dir mit so vielen Listen und Schrecken feindlich nachstellt‘? Ist es frevelhaft, so zu sprechen, dann ist es gewiss auch frevelhaft, sich selbst zu töten. Denn gäbe es überhaupt einen gerechten Grund, das freiwillig zu tun, wäre mit Sicherheit keiner gerechter als genau dieser. Ist es aber dieser nicht, so ist es gar keiner.‘ (Augustinus, *De civitate Dei* 1,27)

Außerdem betonen die Kirchenvertreter in dem Zusammenhang, dass es nicht bei einer einmaligen Buße und Vergebung der Sünden zu bleiben brauche, sondern dass auch später noch Buße getan werden kann. Speziell Augustinus verweist angesichts der Schwierigkeiten, die viele Katechumenen haben, immer wieder auf die Gnade Gottes. Ansonsten erinnert die Kirche die Zaudernden daran, dass sie nicht wüssten, wie lange ihr Leben andauere, und nicht sichergehen könnten, dass es ihnen gelingt, sich rechtzeitig taufen zu lassen.

Bedenken, sich taufen zu lassen, sind im Westen besonders bei den männlichen Angehörigen der sozialen Elite zu beobachten. Gerade diese scheuen sich, sich offen zum Christentum zu bekennen, speziell wenn sie in Rom noch die herkömmlichen Ämter bekleiden möchten, die unter den Senatoren hohes Prestige genießen. Letzteres zu tun, ist eng verknüpft mit der Überzeugung, dass das römische Imperium unlösbar mit den paganen Göttern verbunden ist. Die Kleriker bedauern dieses Gebaren von Senatoren außerordentlich: Verhielten jene sich anders, könnte das eine Signalwirkung auf die übrigen Heiden haben, da sie mehr als alle anderen als Vorbilder fungierten – so ihre Überzeugung. Dabei denken sie gerade auch an die ländliche Bevölkerung.

1.2 Differenzierung der Christen

In der Spätantike unterscheiden sich die Christen in den einzelnen Gemeinden stärker voneinander als in der vorherigen Zeit. Dabei ist nicht nur an die Abgrenzung von Klerus und Laien zu denken, sondern auch an eine Differenzierung unter den Laien. Hier besteht zwar die formale Gliederung in Getaufte und Nicht-Getaufte. Diese reicht aber nicht aus, um die Vielfalt der Christen, die sich im Hinblick auch ihren Glauben, ihre religiösen Praktiken und ihre allgemeine Lebensgestaltung erheblich unterscheiden, zu erfassen.

In der Spätantike strömt eine große Zahl von Menschen in die christlichen Gemeinden, die vielfach nur wenig Kenntnisse über die *doctrina christiana* haben. Sie orientieren sich in ihrem Handeln kaum an christlichen Normen und distanzieren sich nicht von paganen Praktiken. Daher ist es sehr viel schwieriger als in den ersten drei Jahrhunderten, zu bestimmen, was einen Christen ausmacht. Die Grenze zwischen Christen und Heiden scheint, was die konkrete Lebensführung anbelangt, fließend zu werden. Dies bleibt auch vielen antiken Christen nicht verborgen und beschäftigt im Besonderen zahlreiche Kleriker. Die moderne Forschung diagnostiziert angesichts dessen eine ‚Identitätskrise‘ im antiken Christentum.

Askese Diese Krise führt dazu, dass sich eine wachsende Zahl von Personen, die in besonderem Maße um ‚Vollendung‘ (*perfectio*) bemüht ist, einer asketischen Lebenshaltung (nach griech. *áskēsis* = Übung) verschreibt und sich von den ‚weltlichen‘ Christen abgrenzt. Dies geschieht in den östlichen wie den westlichen Provinzen. Im Westen wenden sich speziell in Italien Frauen aus den gehobenen sozialen Schichten asketischen Lebensmodellen zu. Die Asketinnen und Asketen distanzieren sich von ihrer Körperlichkeit und suchen sämtlichen Gelüsten (*voluptates*) zu entsagen. Sie handeln nach Gottes Vorbild, streben – soweit es Menschen möglich ist – danach, Gott ähnlich zu sein. Einige verkaufen ihren Besitz, geben den Erlös den Armen und folgen Christus damit – so der Anspruch – in vollem Sinne nach. Dieses Phänomen ist nicht neu, es tritt nun aber verstärkt auf. Auch vergrößert sich die Kluft zwischen den Männern und Frauen, die eine asketische Haltung zeigen, und den ‚durchschnittlichen‘ Christen.

Positionen zur Askese und zur Differenzierung der Christen Diese Entwicklung führt in der Kirche zu zahlreichen Kontroversen. So treten etwa verschiedene Personen auf, die sich explizit gegen die Askese aussprechen und für die herkömmlichen Lebensformen plädieren. Ein Beispiel ist Jovinian, der besonders das Ideal der Virginität kritisiert.

Pelagius hingegen, dem es im Westen des Reiches gelingt, eine erhebliche Zahl von Angehörigen der sozialen Oberschicht für seine Lehre zu gewinnen, verlangt von sämtlichen Christen, nach Vollendung zu streben. Er nimmt an, dass Männer und Frauen hierzu aus eigener Kraft in der Lage sind, betont die Willensfreiheit des Menschen, verwirft die Erbsünde und mindert die Bedeutung der göttlichen Gnade.

Augustinus schließlich wendet sich wie Pelagius gegen eine grundsätzliche Differenzierung von Christen in solche, die nach Vollendung streben, und diejenigen, welche das nicht tun. Er aber hält eine Entscheidung für eine asketische Lebensform nicht für notwendig, sondern geht davon aus, dass auch die ‚weltlichen' Christen das Seelenheil zu erlangen vermögen. Seinem Verständnis nach können Menschen jedoch nicht allein aus eigener Vollkommenheit – das heißt durch eigenen Glauben und gute Taten – zur Erlösung erlangen, sondern bedürfen dazu der Gnade Gottes. Auch er kennt die Unterscheidung in ‚gute' und ‚schlechte' Christen. Anders als etwa die Donatisten in Nordafrika, mit denen Augustinus es massiv zu tun hat, nimmt er an, dass eine zuverlässige Scheidung beider Gruppen von Christen unter irdischen Bedingungen noch nicht möglich ist, sondern nur von Gott im Jüngsten Gericht vorgenommen werden kann. Damit spricht er sich dagegen aus, die scheinbar ‚schlechten' Christen aus den Gemeinden auszuschließen. Er weist überdies darauf hin, dass diese Personen für die Gemeinden eine bei weitem geringere Gefahr darstellen als etwa die Häretiker, die falsche Lehren einführen und gegebenenfalls Gemeinden spalten. Die ‚schlechten' Christen werden in den Quellen oft auch als ‚halbe Christen' oder als ‚Namenchristen' bezeichnet, das heißt als solche, die lediglich dem Namen nach Christen sind.

Asketisches Leben wird in unterschiedlichen Formen praktiziert: Es gibt Menschen, welche dies weitgehend in den Strukturen ihres bisherigen Lebens tun, das heißt bei ihrer Familie verbleiben. Sie fasten intensiv, kleiden sich schmucklos und halten sich vom gesellschaftlichen Leben fern. Einige verzichten auf Heirat, andere üben Enthaltsamkeit in der Ehe. Diese Praxis ist bereits in den ersten drei Jahrhunderten vielfältig belegt. Seit dem 4. Jahrhundert tritt vermehrt das Phänomen auf, dass Menschen einen radikalen Bruch vollziehen und sich von ihrem familiären Umfeld und oftmals auch von ihren Gemeinden trennen. Vornehmlich im östlichen Reichsteil – speziell aus Syrien und Ägypten haben wir entsprechende Hinweise – treten Eremiten (von griech. *erēmía* = Einsamkeit) und Anachoreten (nach griech. *anachórēsis* = Zurückgezogenheit) auf, die allein leben, sich aus der Welt zurückziehen und häufig in die Wüste gehen. Dort haben sie – so die Vorstellung – schwere Kämpfe gegen Dämonen zu bestehen, die ihnen oft in der Gestalt wilder Tiere begegnen, und auf diese Weise ‚Kriegsdienst' für Christus (*militia Christi*) zu leisten. Einer der ersten, die solches tun, ist Antonius, der sich Ende des 3. Jahrhunderts in die ägyptische Wüste zurückzieht. Athanasius von Alexandrien verfasst um die Mitte des 4. Jahrhunderts mit der *Vita sancti Antonii* (*Das Leben des Heiligen Antonii*) über ihn die erste Heiligenlegende, die für viele andere zum Vorbild wird. Athanasius beschreibt unter anderem, wie Antonius die Heimsuchungen des Dämons überwindet und seine asketische Lebenshaltung herausbildet:

Formen asketischen Lebens

Aber Antonius meinte nicht, dass der Dämon ihm unterlegen sei, so dass er nachlässig und in Bezug auf seine Person unachtsam werden könne. Der Dämon hielt sich ebenfalls nicht für besiegt und fuhr fort, ihm beständig nachzustellen. Wie ein Löwe ging er herum und suchte einen Vorwand gegen ihn. Antonius aber hatte aus der Heiligen Schrift gelernt, dass die Ränke des bösen Feindes vielfältig sind, und übte sich mit aller Kraft in der Askese. Er dachte, dass der Teufel, wenn er schon nicht in der Lage war, sein Herz durch die Fleischeslust in Versuchung zu führen, eine andere List anwenden würde, um ihm nachzustellen, denn der Dämon liebt die Sünde außerordentlich. Antonius bezwang seinen Körper zunehmend und

Q

machte ihn sich untertänig, um nicht im Kampf gegen den Dämon sieghaft, hier aber unterlegen zu sein. Daher bedachte er bei sich, wie er sich an eine noch härtere Lebensweise gewöhnen könnte. (…) (Athanasius, *Vita Antonii* 7)

Daneben gibt es Eremiten, die gemeinsam mit anderen in ‚Eremitensiedlungen' leben. Sie wohnen isoliert in getrennten Zellen, die oft weit voneinander entfernt liegen, kommen aber zum Gottesdienst zusammen.

Schließlich bilden sich in der Spätantike organisierte Formen der Gemeinschaft (*coenobium*) heraus. Auch hier liegen die Anfänge im Osten, seit der 2. Hälfte des 4. Jahrhunderts gelangen sie aber auch in den Westen und finden hier schnell zahlreiche Anhänger. Als Gründe für diese Entwicklung diskutiert die Forschung unter anderem die zahlreichen Gefahren, die mit einem anachoretischen Leben verbunden sein können (auch die antike Kirche fordert die Betreffenden zur Mäßigung auf), sowie die Tatsache, dass man zu der Einsicht gelangt, dass ein christliches Leben, welches sich durch Nächstenliebe auszuzeichnen hat, besser in einer Gemeinschaft gelebt wird.

Pachomius   Die zönobitäre Bewegung wird speziell mit der Person des Pachomius in Verbindung gebracht. Wie Antonius stammt er aus Ägypten. Er ist zunächst Soldat, wird später zum Christentum bekehrt und empfängt die Taufe. Er lebt daraufhin als Asket. Als er auf dem Weg in das Dorf Tabennesis (Tabennisi) am Nil ist, soll er eine göttliche Weisung erfahren haben: *Bleibe hier und baue ein monasterion, denn es werden viele zu dir kommen, um Mönch zu werden* (*Vita Pachomii* 5). Pachomius kommt dem nach und führt für die Gemeinschaft, die er begründet, eine Regel ein: Sie verpflichtet die Mönche zu einer geordneten Lebensführung und zur Unterordnung unter einen Oberen. Wie die Regel anfänglich ausgesehen hat, entzieht sich unserer Kenntnis. Es dürfte sich eher um eine Reihe von Einzelregeln gehandelt haben als um ein systematisches Werk. Hieronymus übersetzt sie Anfang des 5. Jahrhunderts ins Lateinische und macht sie damit dem Westen zugänglich, wo sie großen Einfluss auf andere Mönchsregeln gewinnt.

Augustinus-Regel   Eine im Westen sehr verbreitete Regel ist die sogenannte Augustinus-Regel, die für die Mönche – und bald auch Nonnen – ebenfalls ein gemeinschaftliches Leben vorsieht. Einige Teile lassen sich sicher auf den Kirchenvater zurückführen, andere sind umstritten. Augustinus betont ausdrücklich, dass die für das Christentum charakteristische Verbindung von Gottes- und Nächstenliebe nur in einer Gemeinschaft lebbar ist. Überdies vertritt er die Position, dass es nicht auf die Anzahl und die Radikalität asketischer Übungen ankomme, sondern auf die Motivation, mit der sie durchgeführt werden. In der Tradition der Augustinus-Regel steht die berühmte Regel des **Benedikts-Regel**   Benedikt von Nursia, die um die Mitte des 6. Jahrhunderts entsteht. Auch Benedikt streicht die Rolle der Gemeinschaft heraus sowie die Bedeutung der Liebe der Brüder zueinander. Charakteristisch für die Benedikts-Regel ist außerdem eine hierarchische Ordnung der Gemeinschaft, aus der die Forderung nach Gehorsam gegenüber dem Vorsteher beziehungsweise Abt resultiert. Die Mönche praktizieren ein Leben, das der Arbeit wie dem Gebet große Bedeutung beimisst.

Die christlichen Formen der Askese weisen zahlreiche Parallelen mit heidnischen Phänomenen auf. Inwiefern sie durch diese direkt geprägt sind, ist aber nicht immer leicht zu bestimmen. Es gibt in der griechisch-römischen Antike verschiedenste Gemeinschaften mit religiösem oder philosophischem Hintergrund, die intensiv fasten, auf privaten Besitz verzichten und in sexueller Hinsicht enthaltsam sind. Auch die Formen mönchischen Lebens haben strukturelle Gemeinsamkeiten mit der paganen Umwelt. So wird in der Forschung immer wieder darauf hingewiesen, dass in den östlichen Regionen, in denen charismatische Persönlichkeiten traditionell hohes Ansehen genießen, die Anachorese sehr beliebt ist, bei der ein Einzelner sich durch außerordentliche Leistungen auszuzeichnen hat. Im Westen gibt es hingegen eine stärkere Tendenz zur Herausbildung klösterlicher Gemeinschaften, die – entsprechend den westlichen Traditionen der Herrschaftsgestaltung – klare Organisationsstrukturen entwickeln.

Die Mönche werden in der Gesellschaft sehr unterschiedlich wahrgenommen: Im Osten genießen einige von ihnen, die durch besondere Taten herausragen und denen entsprechend ein ausgeprägtes Charisma zugeschrieben wird, große Bewunderung, gar Verehrung. Sie werden in ähnlicher Weise perzipiert wie die Märtyrer der früheren Zeiten. Nicht wenige der Mönche wie der Märtyrer erlangen den Status von ‚Heiligen'. Dies ist bereits zu Lebzeiten möglich. Die Betreffenden werden als Mittler zwischen Gott und den Menschen betrachtet. Man schreibt ihnen die Fähigkeit zu, Schutz zu gewähren. Sie können außergewöhnlichen Einfluss erlangen, der in einigen Fällen bis in höchste politische Ebenen reicht. Ihre Viten, etwa die schon angesprochene Antonius-Vita des Athanasius, in denen ihr heiligmäßiges Leben dokumentiert wird, erlangen starke Verbreitung. — **Reaktionen der Gesellschaft auf die Asketen**

Im Westen stoßen die Mönche anfänglich zum Teil auf Unverständnis. Dies ändert sich jedoch in dem Maße, wie ihre Klöster an Größe zunehmen und allmählich auch eine gesellschaftliche und ökonomische Macht darstellen. Sie fungieren oft als Schutzherren (*patroni*) für einzelne Personen, bestimmte Gruppen, Dörfer oder gar für eine ganze Stadt. Dies wird besonders im 5. Jahrhundert virulent, als die Übergriffe durch germanische Stämme zunehmen und die staatliche Verwaltung an Einfluss verliert. Auch im Westen gewinnen die Heiligen an Bedeutung, es werden ebenfalls Heiligenviten verfasst – etwa die des Martin von Tours; allerdings handelt es sich dabei um bereits verstorbene Personen. Die Mönche distanzieren sich weniger als im Osten von den herkömmlichen gesellschaftlichen Strukturen, sondern entwickeln eine Verbindung von christlich-elitärem und sozial-elitärem Anspruch.

1.3 Entwicklung der Organisation der Kirche

1.3.1 Der Klerus

Wir haben bereits gesehen, dass sich seit dem 2. Jahrhundert eine Gemeindeorganisation herausbildet, bei der zwischen Klerus und Laien unterschieden wird (vgl. oben Teil I, Kap. 1.3). Diese Differenzierung gewinnt in der — **Bischofswahl**

Praxis zunehmend an Bedeutung. So sinkt der Einfluss der Gemeinden auf die Bestellung eines neuen Bischofs. Noch um die Mitte des 3. Jahrhunderts sehen die *Didascalia Apostolorum* vor, dass die Gemeinden den Bischof bestimmen. Dabei ist allerdings nicht klar, ob es allein Presbytern gestattet ist, Kandidaten zu benennen, oder ob dies auch Laien tun können. Eine wichtige Rolle bei der Bischofswahl gewinnen die Bischöfe der Nachbargemeinden, die zu dem Verfahren herangezogen werden, indem sie zumindest die Vorschlagsliste begutachten. Im 4. Jahrhundert findet vielfach gar keine Wahl mehr statt, an der die Laien teilhaben; ihnen bleibt zum Teil lediglich die Möglichkeit, per Akklamation ihre Haltung zu einem Kandidaten zum Ausdruck zu bringen. Es kommt aber vor, dass sie einen bestimmten Kandidaten ausdrücklich fordern. Wir haben auch Hinweise darauf, dass Gemeinden gegen eine Bischofswahl opponieren. Von Augustinus wissen wir, dass er gegen Ende seines Lebens seine Gemeinde versammelt, die Bischöfe zweier Nachbargemeinden dazu bestellt und ihnen den von ihm favorisierten Nachfolger vorstellt, diesem akklamieren und seinen Vorschlag von einem Notar schriftlich fixieren lässt.

Leo der Große entscheidet im 5. Jahrhundert, dass die Gemeinde denjenigen Kandidaten als Bischof bekommen solle, den sie selbst begehre. Gelangt die Gemeinde zu keiner einheitlichen Auffassung, solle derjenige geweiht werden, der größere Zustimmung erhält. Kaiser Justinian legt im 6. Jahrhundert fest, dass die Kleriker und die Angehörigen der politischen Führung, die allerdings nicht näher spezifiziert werden, drei Kandidaten wählen, von denen der beste Bischof werden soll. Die Entscheidung hierüber trifft der Metropolit, der meist auch die Weihe vollzieht. Bei großen Bistümern, die eine erhebliche politische Macht darstellen, greifen teilweise auch die Kaiser ein.

Voraussetzung für die Ordination zum Bischof ist normalerweise, dass der Betreffende das Amt des Lektors, des Diakons und des Presbyters bereits absolviert hat, dass er über eine höhere Bildung verfügt und der sozialen Elite angehört. Es gibt allerdings auch Fälle, auf die diese Kriterien nicht zutreffen: So wissen wir von Personen, die nicht einmal getauft sind. Ein berühmtes Beispiel ist der Mailänder Bischof Ambrosius. Im Osten können charismatische Persönlichkeiten zu Bischöfen werden, die weder über eine höhere Bildung noch über Vermögen verfügen. Dies gilt besonders für Mönche.

Ähnlich wie für die Positionen in der staatlichen Verwaltung wird es üblich, für Bischofsämter hohe Beträge zu entrichten. Sofern es sich um Zuwendungen an die Kirche handelt, stößt dies vonseiten der Kirche kaum auf Kritik. Anders verhält es sich, wenn Zahlungen an einzelne Personen geleistet werden. Gesetzliche Simonieverbote erweisen sich im staatlichen wie im kirchlichen Bereich als weitgehend unwirksam. Kaiser Justinian legt Gebühren für die Ordination fest, die nicht überschritten werden sollen. Ihre Höhe richtet sich nach den Einkünften der jeweiligen Gemeinde.

Bestellung anderer Kleriker   Bezüglich der anderen Kleriker, die unterhalb des Bischofs angesiedelt sind, trifft in der Regel der Bischof die Entscheidung, der sie dann auch weiht. Die Kirche gibt aber Kriterien vor, die dabei zu beachten sind: Die Betreffenden sollen über den rechten Glauben verfügen und müssen unter Beweis gestellt haben, dass sie bereit sind, als Christen zu leben. Die Taufe sollte entsprechend bereits eine Weile zurückliegen. Eine theologische Schulung für (angehende) Kleriker existiert nicht. Ein gewisses Maß an Bildung wird für diejenigen gefordert, die Leitungsfunktionen übernehmen müssen. Dieses wird allerdings kaum formal geregelt. Mörder, Ehebrecher und Personen, die bereits einmal vom Glauben abgefallen sind, sollen nicht in den Klerus aufgenommen werden. Auch für die Ämter unterhalb des Episkopats werden in der Regel Beträge entrichtet, deren Höhe sich in der Praxis an der Attraktivität der Stellung orientiert.

Bereits unter Kaiser Konstantin erhalten die Kleriker spezielle Privilegien: Sie werden von den *munera*, den öffentlichen Dienstleistungen, befreit (*Codex Theodosianus* 16,2,2). Dabei geht es Konstantin wohl zunächst darum, sie den Priestern der paganen Kulte gleichzustellen. Hinzu kommen zwei weitere Intentionen: Zum einen sollen sich die Kleriker gänzlich ihren Aufgaben in der Kirche widmen können, ohne anderweitig belastet zu sein; zum anderen wird von ihnen erwartet, dass sie einen Teil ihrer Einkünfte für karitative Zwecke verwenden.

Privilegierung der Kleriker

Die Freistellung von den *munera* verschafft den kirchlichen Ämtern noch größere Anziehungskraft, als sie auf viele Christen ohnehin schon ausüben, und betont überdies die herausgehobene Stellung des Klerus innerhalb der Gemeinde. Insbesondere die Angehörigen des Dekurionenstandes, die sich durch die Steuern, Abgaben und sonstigen Verpflichtungen für ihre Städte stark belastet sehen, streben nun, soweit sie Christen sind, verstärkt nach kirchlichen Funktionen. An einer solchen Entwicklung aber ist der Staat nicht interessiert. Schon Konstantin verfügt daher, dass Dekurionen nicht in den Klerus eintreten dürfen, es sei denn, sie verzichten auf ihr Vermögen.

Kaiser Valentinian I. gewährt den Klerikern im Jahre 370 die Befreiung von der Kopfsteuer (*capitatio*), welche die nichtadlige Landbevölkerung zu entrichten hat (*Codex Theodosianus* 13,10,6). Die Grundsteuer für etwaiges privates Land haben sie jedoch weiterhin zu zahlen. Hiervon ausgenommen werden lediglich die Ländereien, die im Besitz der Kirche sind.

Die steuerliche Privilegierung wird von späteren Kaisern mehrfach bestätigt, so im Jahre 381 die Befreiung von der *capitatio* (*Codex Theodosianus* 16,2,26). 398 aber wird diese Regelung durch ein Edikt der Kaiser Arcadius und Honorius wieder rückgängig gemacht (*Codex Theodosianus* 16,2,33), wohl um den massiven Andrang der Landbevölkerung auf kirchliche Ämter zu stoppen.

Ein weiteres Privileg, welches nicht zuletzt deutlich macht, dass die Kleriker nunmehr auch seitens des Staates als eigener Stand begriffen werden, besteht darin, dass sie Anspruch darauf haben, von einem kirchlichen Gericht, das heißt einer Synode oder einem Gericht unter Vorsitz des Metropoliten, verurteilt zu werden. Kaiser Constantius ordnet im Jahre 355 an, dass sämtliche Strafverfahren gegen Bischöfe vor ein Konzil gebracht werden sollten (*Codex Theodosianus* 16,2,12). Spätere Kaiser schränken dies jedoch teilweise wieder ein: So verfügen Valens, Gratian und Valentinian II. in einem Erlass, dass allein innerkirchliche Streitfälle von einem Bischofsgericht verhandelt werden sollen, Strafprozesse gegen Kleriker seien dagegen von einem weltlichen Gericht zu bearbeiten (*Codex Theodosianus* 16,2,23). Anfang des 5. Jahrhunderts legt Kaiser Honorius fest, dass eine Anklage gegen einen Bischof zunächst grundsätzlich vor einem Bischofsgericht zu erheben sei, dass der Fall aber an ein weltliches Gericht überwiesen werden solle, wenn das Bischofsgericht die Schuld des Angeklagten festgestellt hat (*Codex Theodosianus* 16,2,41). Die Kirche achtet ihrerseits sehr darauf, ihre Kompetenzen in der Rechtsprechung gegen Kleriker gegenüber staatlichen Instanzen zu behaupten. So droht sie Klerikern, die sich an weltliche Gerichte wenden, die Absetzung an.

Öffentliche Funktionen des Bischofs

In der Spätantike beschränken sich die Bischöfe in ihrem Wirken vielfach nicht mehr auf die eigene Gemeinde, sondern übernehmen darüber hinaus gesellschaftliche und politische Funktionen. Ähnlich wie große Klöster fungieren sie als Schutzherren. Oft agieren sie auch als Patrone ihrer Städte. Innerhalb der Städte versehen sie Aufgaben, die früher staatlichen Institutionen vorbehalten waren.

Ein wichtiges Beispiel ist das gemeindliche **Bischofsgericht** (*episcopalis audientia*), dem bereits Konstantin einen Platz in der öffentlichen Rechtsprechung einräumt. Dieses Gericht gewinnt mit der Zeit eine große Bedeutung in den Städten.

E   **Bischofsgericht**

Beim gemeindlichen Bischofsgericht handelt es sich um ein Schiedsgericht, das sich mit zivilrechtlichen Fällen befasst und schon in vorkonstantinischer Zeit in den Gemeinden praktiziert wird. Konstantin gestattet es, auch Fälle an diese Gerichte zu übertragen, die bereits von einem staatlichen Gericht verhandelt werden. Gelangen die Prozessparteien vor dem Bischofsgericht zu einer Einigung, so wird der Spruch des Bischofs vom staatlichen Richter übernommen.

Auch Nichtchristen nehmen es zum Teil in Anspruch, da Bischöfe oft als weniger korrupt gelten als die Statthalter und deren Mitarbeiter. Kaiser Justinian geht im 6. Jahrhundert so weit, dass jemand, der sich von einem staatlichen Gericht zu Unrecht verurteilt sieht, beim Bischofsgericht Berufung einlegen kann.

Die Bischöfe nehmen in der Spätantike auch Anteil an der Verwaltung ihrer Städte. Insbesondere sind sie an der Bestimmung der Mitglieder des Stadtrates und der Amtsträger beteiligt. Zum Teil kümmern sie sich auch um die Verteidigung der Stadt, indem sie für den Bau und Erhalt der Stadtmauern sorgen. Vielfach übernehmen sie auch die Aufsicht über die Rechtsprechung und die Steuereintreibung. Teilweise werden sie seitens des Staates mit derartigen Tätigkeiten betraut, teilweise ergreifen sie sie aus ihrer Patronagefunktion heraus aus eigener Initiative. Im Westen entwickeln sich in einigen Regionen im 5. Jahrhundert bischöfliche Stadtherrschaften, in denen die Bischöfe sämtliche öffentlichen Aufgaben versehen und die städtischen Ratsversammlungen und Magistrate verschwinden. Dies geschieht jedoch nur in Regionen, wo die staatlichen Strukturen zusammenbrechen und die lokale Oberschicht sich stark in den kirchlichen Ämtern engagiert und somit keine Konkurrenz zur Kirche darstellt.

Niederer Klerus

Privilegien genießen auch die Funktionsträger in den niederen Positionen, das heißt diejenigen, die unterhalb des Bischofs, der Presbyter und der Diakone angesiedelt sind. In den Gemeinden größerer Städte zählen hierzu etwa die Subdiakone, die Lektoren, die Kantoren oder auch die Türhüter, die allerdings nur teilweise dem Klerus zugerechnet werden. Hier finden sich auch zahlreiche Männer aus den mittleren und unteren sozialen Schichten. Diese üben neben ihrer kirchlichen Tätigkeit oft noch einen Beruf aus, sind etwa als Händler, Handwerker oder Bauern tätig. Auch Kolonen können auf dem Lande in kirchliche Funktionen eintreten, wenn ihre Patrone zustimmen. All diese profitieren davon, dass die Kirche ihnen Unterhalt zahlt und die Bischöfe als ihre Fürsprecher auftreten. Staatlicherseits sind sie insofern begünstigt, als sie nicht zum Kriegsdienst verpflichtet werden können. Außerdem dürfen sie nicht gefoltert oder zur Arbeit in Bergwerken verurteilt werden. Körperlich bestraft können sie nur werden, wenn sie zuvor seitens der Kirche abgesetzt werden. Konkret heißt das, dass der Bischof darüber entscheidet, ob ein Kleriker einem weltlichen Gericht ausgeliefert wird. Ansonsten haben sie – wie wir gerade gesehen haben – ein Recht auf einen Prozess vor einem Bischofsgericht. Hinsichtlich der Befreiung von Steuern und öffentlichen Dienstleistungen sind sie dem höheren Klerus gleichgestellt. Allerdings gilt das nur für Funktionsträger in den katholischen Gemeinden. Kleriker in Gemeinden, die von der katholischen Kirche und damit auch vom Staat als häretisch eingeschätzt werden, genießen keinen Schutz.

In ländlichen Gemeinden gibt es die niederen Funktionen meist nicht. Hier stellt oft das Amt des Diakons das niedrigste in der Hierarchie dar und wird nicht selten mit Personen einfacherer Herkunft besetzt.

Wie in vorkonstantinischer Zeit haben viele christliche Gemeinden Diakonissen. In Bezug auf sie kommt es nun aber zu einer entscheidenden Veränderung: Sie werden zwar nach wie vor vom Bischof geweiht, zählen aber grundsätzlich nicht mehr zum Klerus. So wird auf dem Konzil von Nicaea im Jahre 325 festgeschrieben, dass sie zum Laienstand zu rechnen seien (can. 19).

Seit dem 4. Jahrhundert formulieren die Synoden Regeln, wie die verschiedenen Ämter zu durchlaufen seien. So entwickelt sich eine Ämterlaufbahn, wie sie auch im staatlichen Bereich begegnet. Allerdings wird hier regional unterschiedlich verfahren. Als Einstiegsamt betrachtet man in größeren Gemeinden oftmals das des Lektors. Danach kann das des Subdiakons angestrebt werden. Es werden Mindestzugangsalter und Mindestverweildauern festgeschrieben, die jedoch nicht einheitlich geregelt sind. Den Diakonat kann ein Bewerber in der Regel – je nach Eintrittsalter – mit 25 oder 30 Jahren erlangen. Nach fünf Jahren besteht die Möglichkeit, Presbyter zu werden. Ob es einem Bewerber tatsächlich gelingt, in eine der höheren Funktionen vorzudringen, hängt maßgeblich von seinem sozialen Status ab. Er muss, wie wir schon gesehen haben, sowohl über ein zum Teil nicht unerhebliches Vermögen wie über Bildung verfügen. Angesichts der öffentlichen Funktionen, welche die höheren Kleriker wahrnehmen, achtet die Kirche stärker als in vorkonstantinischer Zeit darauf, Personen mit hohem Sozialprestige zu gewinnen, die in der Lage sind, den staatlichen Amtsträgern gegenüber angemessen aufzutreten.

Die Kirche wie auch der Staat formulieren Regeln, welche die Lebensführung der Kleriker betreffen. Sie dürfen etwa nicht ins Theater und in den Circus gehen. Im Westen sind die Kleriker zur Enthaltsamkeit verpflichtet. Das

Ämterlaufbahn
innerhalb
des Klerus

Regelungen zur
Lebensführung
der Kleriker

65

Konzil von Elvira legt Anfang des 4. Jahrhunderts fest, dass Bischöfe, Presbyter, Diakone und sämtliche sonstige Kleriker sich ihrer Ehefrauen enthalten und keine Kinder zeugen sollen. Das bedeutet kein grundsätzliches Eheverbot: Wer bereits verheiratet ist, wenn er die Weihe empfängt, braucht sich nicht scheiden zu lassen. Er darf aber anschließend keine Ehe mehr eingehen. In einer bestehenden Ehe sollte Askese praktiziert werden. Im Osten sind die Verhältnisse komplexer: Im Konzil von Nicaea wird ebenso wie im Westen festgelegt, dass Bischöfe, Presbyter und Diakone nach ihrer Weihe nicht mehr heiraten und auch nicht unverheiratet mit einer Frau zusammenleben sollen, es sei denn, es handelt sich um eine enge Verwandte. Umstritten ist, ob die Betreffenden mit ihren eigenen Ehefrauen zusammenleben dürfen. Insgesamt scheint es im Osten zumindest im 4. und 5. Jahrhundert in dieser Hinsicht weniger formale Bestimmungen zu geben als im Westen. Im Unterschied zu den Synoden in den westlichen Provinzen fassen die in den östlichen zu der Thematik kaum Beschlüsse. Kaiser Justinian aber erlässt mehrere Edikte und Novellen, die sich mit Ehe und Sexualmoral des Klerus im Osten beschäftigen. Zumindest für Bischöfe wird nun festgeschrieben, dass sie nicht verheiratet sein und keine Kinder haben dürfen. Subdiakone, Diakone und Presbyter sollen nur Männer werden, die entweder enthaltsam leben oder in erster Ehe liiert sind.

Einen Hauptgrund für die Forderung nach sexueller Enthaltsamkeit sieht die Forschung meist darin, dass sie mit kultischer Reinheit in Zusammenhang gebracht wird, die als notwendig gilt, um den Dienst am Altar zu vollziehen. Diese Vorstellung hat Vorläufer im jüdischen wie im griechisch-römischen Kulturbereich. Auf diesen Umstand weisen antike christliche Autoren nicht selten hin, wenn Kleriker oder Personen, die in den Klerus eintreten wollen, diesbezüglich Zweifel äußern. So betonen sie etwa, dass christliche Kleriker besonders aufgerufen seien, sich enthaltsam zu verhalten, wo doch schon die Vestalinnen und auch einige andere heidnische Priesterinnen und Priester dazu imstande waren und sind. Anders begründet wird die Forderung nach Kinderlosigkeit bei Bischöfen im *Codex Iustinianus* im 6. Jahrhundert (1,3,41): Hier ist intendiert, zu verhindern, dass kirchlicher Besitz an leibliche Nachkommen vererbt wird. Auf die gleiche Weise wird der Zölibat auch im Mittelalter vielfach legitimiert.

1.3.2 Die übergemeindliche Organisation

Synoden, Metro-
polen, Patriarchate

Bereits in vorkonstantinischer Zeit finden sich Ansätze für die Herausbildung von Strukturen, die über die einzelne Gemeinde hinausgehen: So werden – wie wir gesehen haben – Synoden, an denen die Bischöfe mehrerer Gemeinden beteiligt sind, einberufen, wenn Probleme zu klären sind, die über eine einzelne Gemeinde hinausgehen beziehungsweise dort nicht gelöst werden können. Auch werden in dieser Zeit schon Provinzialsynoden abgehalten, an denen alle Bischöfe einer Provinz teilnehmen. Dabei decken sich die Kirchenprovinzen in den meisten Fällen mit der staatlichen Provinzgliederung. Mit der Zeit erlangt die Gemeinde der Provinzhauptstadt eine Vorrangstellung unter den Gemeinden der Provinz. In der Spätantike nun wird dies formalisiert. So wird etwa auf dem Konzil von Nicaea festgeschrieben, dass der Metropolit berechtigt ist, die Provinzialsynoden zu versammeln, diese zu leiten, die Wahl von Bischöfen in der Provinz zu bestätigen und die Kirchendisziplin zu überwachen. In den westlichen Provinzen entwickelt sich die Metropolitanverfassung allerdings langsamer als in den östlichen. Auch weisen die einzelnen Provinzen hier größere Unterschiede in der Kirchenorganisation auf.

Darüber hinaus genießen einige Gemeinden im Osten wie im Westen einen besonderen Rang, der mit ihrer politischen Stellung oder religiösen Bedeutung zu tun hat: Alexandrien in Ägypten, Antiochien in Syrien, Rom und Jerusalem. Bald darauf kommt Konstantinopel hinzu. Auf dieser Grundlage entwickeln sich Ende des 4. Jahrhunderts die fünf Patriarchate, von denen also vier im Osten und nur einer im Westen angesiedelt sind. Die Patriarchate stellen in der Kirchenorganisation eine Ebene oberhalb der Metropolen dar.

Daneben wird versucht, eine Ordnung in das Synodenwesen zu bringen. So führt man im 4. Jahrhundert einen ‚synodalen Instanzenzug' ein, der besonders dann von Bedeutung ist, wenn ein Kleriker von einer Synode verurteilt worden ist. Ein solcher ist nun gehalten, sich an die nächsthöhere Synode zu wenden, die ein verbindliches Urteil fällt. Damit soll vor allem verhindert werden, dass ein derart Betroffener ein staatliches Gericht anruft. Im 4. Jahrhundert wird mit dem Konzil von Nicaea erstmals eine reichsweite Synode einberufen. Dies wird notwendig, nachdem Bischofsversammlungen verschiedener Provinzen im Arianismusstreit zu divergierenden Einschätzungen gelangt sind (hierzu unten Kap. 2.2).

Die Synoden sind aber keine ständigen Institutionen und erlangen in der Organisation der Kirche kein Gewicht, das dem der Metropoliten und Patriarchen vergleichbar wäre.

Wir haben eben gesehen, dass im Westen mit Rom nur ein Patriarchat geschaffen wird, der Bischof von Rom also als einziger gegenüber den Bischöfen der verschiedenen Provinzhauptstädte hervorgehoben wird. Ihm gelingt es besonders seit der zweiten Hälfte des 4. Jahrhunderts, einen Primat durchzusetzen. Eine zentrale Rolle spielt dabei der Hinweis auf den Umstand, dass sich in Rom mit den Gräbern des Petrus und Paulus die wichtigsten Märtyrergräber der Christenheit fänden. Dieses Moment wurde auch früher schon thematisiert, jedoch nicht, um daraus einen Vorrang in rechtlicher Hinsicht abzuleiten. Nun gründet der römische Bischof Damasus (366–384) darauf den Anspruch, dass Beschlüsse von Konzilien nur dann gültig sein sollten, wenn der Bischof von Rom ihnen zustimme. Er beansprucht eine Prärogative und spricht in Bezug auf Rom von der ‚*sedes apostolica*' (‚apostolischer Stuhl'). Die römischen Bischöfe sind demnach als unmittelbare Nachfolger Petri anzusehen. Sie sind es, welche im Westen die Konzilien beaufsichtigen. Im Osten übernimmt der Kaiser diese Funktion. Der römische Bischof erhält gar das Recht, Beschlüsse von Konzilien aufzuheben. Siricius (384–399), der Nachfolger des Damasus, erlässt erstmals Dekretalen, das heißt, er schreibt an Bischöfe Italiens wie außerhalb Italiens oder antwortet auf deren Anfragen nicht mehr nur in Form von Ratschlägen, sondern in Anordnungen, die Gesetzeskraft beanspruchen – genauso wie die des Kaisers.

Der Bischof von Rom

Wichtige römische Bischöfe des 5. Jahrhunderts, die den Anspruch des römischen Episkopats noch weiter forcieren, sind Leo I. (440–461) und Gelasius I. (492–496). Leo unternimmt im Jahre 449 erstmals den Versuch, ein allgemeines Konzil unter Leitung des römischen Bischofs nach Rom zu berufen. Beim Kaiser des Ostens kann er sich damit jedoch nicht durchsetzen. Dieser entscheidet, dass das Konzil 451 in Chalkedon stattfindet. Leo beansprucht für seinen Abgesandten, den er als den Vertreter des apostolischen Stuhls (*vice apostolica sede*) begreift, dennoch den Vorsitz auf dem Konzil. Er erwirkt schließlich auch, dass ein Bischof, der vor das Gericht des römischen Bischofs geladen wird, dieser Vorladung nachzukommen hat. Bei Zuwiderhandeln haben staatliche Amtsträger dafür zu sorgen, dass die Betreffenden doch Folge leisten. Diese Regelung wie auch den allgemeinen Anspruch, den Leo für den apostolischen Stuhl postuliert, bestätigt Valentinian III., der Kaiser des Westens, 445 in einem Edikt (Nov. Val. 17). Hier heißt es unter anderem:

Nachdem also der Vorrang des apostolischen Stuhls durch das Verdienst des heiligen Petrus (…) sowie die Würde der Stadt Rom (…) befestigt worden ist, möge niemand versuchen, unerlaubterweise etwas zu beanspruchen, was das Ansehen des apostolischen Stuhls beschneiden könnte. Denn erst dann wird allerorts in den Kirchen Frieden herrschen, wenn alle gemeinsam ihn als ihren Herrn und Meister akzeptieren. (…) Außerdem soll es nicht erlaubt sein, über Angelegenheiten der Kirche zu streiten und den Anordnungen des Hauptes in Rom zuwiderzuhandeln. (…) Vielmehr soll das, was der apostolische Stuhl auf der Grundlage seines Ansehens bestimmt oder bestimmen wird, für alle beständiges Gesetz sein, und zwar in der Weise, dass jeder Bischof, welcher der Aufforderung, vor das Gericht des römischen Oberherren zu treten, nicht Folge leistet, durch den Provinzstatthalter gezwungen wird, dort zu erscheinen, indem in jeder Hinsicht das eingehalten wird, was unsere Vorfahren der römischen Kirche zugestanden haben.

Im Westen setzt Leo sich im Wesentlichen durch, im Osten gesteht man ihm zumindest den Rang eines ersten Bischofs im Reich zu. Das Edikt Valentinians wird vom östlichen Kaiser gleichwohl nicht übernommen.

Papsttum   Seit Leo kann man von einem Papsttum sprechen: Von Leo an führen die römischen Bischöfe den Titel *pontifex*. In ähnlicher Weise wie der Kaiser richtet er einen ständigen Rat (*consistorium*) ein. Leo entwickelt auch eine spezielle Kirchenkonzeption, in der er die Einheitlichkeit wie die hierarchische Organisation der Kirche herausstreicht. Besonders instruktiv ist dafür sein Brief an die Gemeinde von Thessalonich (Thessalonike). Hier schreibt er über die Kirche unter anderem:

Das Verbundensein des ganzen Körpers macht ihre einige Gesundheit und ihre einige Schönheit aus, und dieses Verbundensein fordert die Einmütigkeit des ganzes Körpers, besonders aber fordert es die Eintracht der Bischöfe. Deren Würde ist zwar gemeinsam, ihre Rangordnung ist aber nicht allgemein gleich. Denn auch unter den heiligsten Aposteln herrschte trotz Gleichheit der Ehre doch eine gewisse Verschiedenheit in der Gewalt, und während bei allen die Wahl gleich war, so ist doch einem gegeben worden, alle anderen zu überragen. Aus diesem Muster resultiert auch die Unterscheidung der Bischöfe, und durch eine großartige Ordnung wird dafür gesorgt, dass nicht alle alles für sich beanspruchen, sondern es in den einzelnen Provinzen einzelne Bischöfe gibt, deren Spruch als erster unter den Brüdern gilt, und außerdem, dass die in den größeren Städten eingesetzten Bischöfe eine umfassendere Sorge erhalten. Durch diese Bischöfe aber fließt die Sorge für die universale Kirche zu dem einen Stuhl Petri zusammen und nichts sei von seinem Haupt getrennt. (…) (Leo, *Epistula* 14,12)

Gelasius entwickelt einige Jahrzehnte später im Hinblick auf das Verhältnis von Staat und Kirche ein spezifisches Verständnis: In einem Brief an Kaiser Anastasius aus dem Jahre 494 formuliert er: „Es sind nämlich zwei Gewalten, erhabener Kaiser, durch die vor allem die Welt regiert wird: die geheiligte Autorität der Bischöfe und die königliche Gewalt." Hier ist ein Bruch mit dem bisherigen Zustand zu konstatieren, der seit Konstantin besteht (dazu unten Kap. 2.2): Die Kirche ist nicht mehr Teil des Staates, es gibt nicht mehr eine einzige öffentliche Gewalt, die der Kaiser repräsentiert, sondern zwei. Insofern spricht man hier von der ‚Zwei-Gewalten-Lehre'. Diese wird für die nachfolgende europäische Geschichte von entscheidender Bedeutung sein: Ohne sie wären die Konflikte zwischen Kaiser und Papst im Mittelalter nicht vorstellbar. Im östlichen Reichsteil hat Gelasius mit seiner Auffassung jedoch keinen Erfolg. Hier ist der Einfluss des Kaisers zu stark, als dass ein solches Verständnis durchsetzbar wäre. Überhaupt diskutiert man in der Forschung, dass die Abnahme der kaiserlichen Gewalt im Westen seit dem 5. Jahrhundert eine entscheidende Voraussetzung für die Herausbildung des Papsttums ist. Wie im Osten besteht hier das Bedürfnis nach einer einheitlichen Organisation, die aber vom Kaiser nicht mehr gewährleistet werden kann. So nimmt der Papst dort auch wichtige politische Funktionen wahr und wird zeitweise zur zentralen Autorität. Ein berühmtes Beispiel ist das Wirken Leos angesichts der Bedrohung der Stadt Rom durch die Vandalen im Jahre 455:

Zwei-Gewalten-Lehre

Geiserich besetzte die jeglichen Schutzes beraubte Hauptstadt. Der heilige Bischof Leo trat ihm vor den Toren entgegen. Dessen Bitten milderte mit Gottes Hilfe seinen Sinn so sehr, dass er auf Brandschatzung, Mord und Folterungen verzichtete, obwohl alles in seiner Macht lag. (Prosper Tiro, Chronik zum Jahre 455 n. Chr.; MGH AA IX, S. 484)

Q

Die Zwei-Gewalten-Lehre führt in der Praxis jedoch nicht zu einer prinzipiellen Trennung von Zuständigkeiten. So erwarten sich die Päpste weiterhin Unterstützung durch die weltliche Gewalt besonders gegen Häretiker. Umgekehrt ist es selbstverständlich, dass die Kirche öffentliche Funktionen auch außerhalb ihrer eigenen Organisation versieht. Die Kaiser im Osten übernehmen die Differenzierung in die zwei Gewalten für sich ohnehin nicht, sondern beanspruchen wie in der Vergangenheit die Leitungsfunktion auch in der Kirche.

2. Christentum und römischer Staat

2.1 Das Ende der Verfolgungen

Wir haben oben gesehen, dass es zu Beginn des 4. Jahrhunderts zu den bislang schwersten staatlich initiierten Christenverfolgungen kommt. Die Verfolgungsedikte Diocletians werden besonders im Osten nachdrücklich umgesetzt; im Westen werden die Verfolgungen möglicherweise schon unter Constantius Chlorus eingestellt. Ein formales Ende finden die Maßnahmen reichsweit im Jahre 311 durch das Toleranzedikt des Kaisers Galerius. Galerius gehört der zweiten Tetrarchie an, ist *augustus* im Osten und damit Nachfolger Diocletians. Er hat die Verfolgungen zunächst entschieden praktiziert, gelangt aber wohl gegen Ende seines Lebens zu der Einsicht, dass sie nicht zum gewünschten Erfolg führen, die Christen also nicht veranlassen, den paganen Göttern zu opfern und damit ihre Identifikation mit dem römischen Reich zum Ausdruck zu bringen. Mit dem Edikt werden nicht nur die Verfolgungen beendet; das Christentum erhält zugleich den Status einer *religio licita*. Der Text des Ediktes, den der zeitgenössische christliche Autor Laktanz in seiner Schrift *De mortibus persecutorum* (*Über die Todesarten der Verfolger*) wörtlich überliefert, lautet:

Toleranzedikt des Galerius

Neben dem Übrigen, was wir zum Wohle und Nutzen des Staates angeordnet hatten, wollten wir bislang alles gemäß den alten Gesetzen und der öffentlichen Ordnung der Römer verbessern und dafür sorgen, dass auch die Christen, welche die Lehre ihrer Vorfahren verlassen hatten, zur Vernunft zurückkehrten. Denn aus irgendeinem Grund hatte diese Christen ein solcher Eigenwille und eine solche Dummheit ergriffen, dass sie den Einrichtungen der Alten nicht mehr folgten, die möglicherweise ihre eigenen Vorfahren eingeführt hatten, sondern sich nach ihrem eigenen Willen und nach Belieben Gesetze gaben, um sie zu befolgen, und in verschiedenen Gegenden verschiedene Völker zu einer Gemeinschaft zusammenbrachten. Als wir schließlich befohlen hatten, dass sie zu den Einrichtungen der Alten zurückkehren sollten, wurden viele von ihnen in Gerichtsprozesse verwickelt, viele wurden auch vertrieben. Und da die meisten auf ihrem Vorsatz bestanden und wir sahen, dass sie weder den Göttern die angemessene Verehrung zukommen ließen, noch den Gott der Christen verehrten, so haben wir es in unserer außerordentlichen Milde und beständigen Gewohnheit, sämtlichen Menschen zu verzeihen, für notwendig gehalten, auch diesen unsere freimütigste Nachsicht zu gewähren, damit sie wieder Christen sein und ihre Versammlungsstätten wieder aufbauen könnten, allerdings so, dass sie nichts gegen die öffentliche Ordnung unternehmen. Durch ein anderes Schreiben aber werden wir den Gerichtsbeamten mitteilen, was sie zu beachten haben. Daher wird es unserer Nachsicht entsprechend die Pflicht der Christen sein, zu ihrem Gott für unser Wohl, für das Wohl des Staates und für ihr eigenes zu beten, damit der Staat in jeder Hinsicht vor Schaden bewahrt bleibt und sie sicher in ihren Wohnungen leben können. (Laktanz, *De mortibus persecutorum* 34)

Die Formulierungen machen deutlich, dass Galerius sich keineswegs zu einem Förderer, geschweige denn einem Anhänger der christlichen Religion gewandelt hat. Er kritisiert in herkömmlicher Manier die Abkehr der Christen von der römischen Tradition, besonders den römischen Göttern. Aufgrund der Erfahrungen während der Verfolgung ist ihm zumindest bewusst geworden, dass die Christen nicht davon abzubringen sind, sich exklusiv an den Christengott zu halten. Entsprechend gestattet er ihnen dieses, sofern sie es im Interesse der kaiserlichen Herrschaft sowie des Staates und auf eine Weise tun, die keinen Anstoß erregt und die öffentliche Ordnung nicht gefährdet. Damit lässt sich erstmals ein römischer Kaiser offiziell auf das Angebot der Christen ein, für den Kaiser zu ihrem Gott zu beten und damit in spezifisch christlicher Manier zum Wohle des Reiches zu wirken und ihre Zustimmung zum Imperium Romanum zum Ausdruck zu bringen. Das Christentum wird auf diese Weise den paganen Kulten gleichgestellt und der Christengott unter die römischen Götter aufgenommen.

Indem das Christentum zur *religio licita* erhoben wird, gestattet man den Christen nicht nur, ihren Glauben offen zu praktizieren; das Edikt ist auch von entscheidender Bedeutung für den Rechtsstatus der christlichen Gemeinden: Sie werden nun legalisiert, zu ‚Körperschaften öffentlichen Rechts' erhoben und damit dem ‚öffentlichen Recht' (*ius publicum*) unterstellt. Die Gemeinden können jetzt Vermögen besitzen, Grund und Boden erwerben sowie Kirchengebäude errichten, die im Besitz der Kirche stehen. Gottesdienste in Privaträumen, wie sie bislang Usus waren, sind damit nicht mehr erforderlich. Für die Kirche ist dies von entscheidender Bedeutung: Auf die Weise werden bald auch testamentarische Verfügungen zugunsten der Kirche möglich, die eine wichtige Basis für den künftigen Besitz der Kirche darstellen.

2.2 Staat und Kirche unter Konstantin

Mit Kaiser Konstantin intensivieren sich die Beziehungen zwischen römischem Staat und christlicher Kirche erheblich. Als erster römischer Kaiser wendet er sich gar persönlich dem Christentum zu. Dabei versteht er den Christengott wohl zunächst als Schlachtenhelfer, der ihm – nach seinem Traum beziehungsweise der Vision vor der Schlacht an der Milvischen Brücke im Jahre 312 – zum Sieg über seinen Kontrahenten Maxentius verholfen hat.

Die Taufe empfängt Konstantin jedoch erst kurz vor seinem Tode im Jahre 337. Dieser Umstand gibt der Forschung bis heute Rätsel auf: Teils folgert sie aus der späten Taufe, der Kaiser sei bis zu seinem Tode kein wirklicher Christ gewesen, habe sich möglicherweise nur aus machtpolitischen Erwägungen heraus der christlichen Kirche angenähert; teils vertritt sie die These, Konstantin habe aus Rücksicht auf die mehrheitlich pagane Reichsbevölkerung lange gezögert, sich uneingeschränkt zum Christentum zu bekennen, obwohl er tatsächlich bereits überzeugter Christ war. Eine Entscheidung ist hier schwer zu treffen. Möglicherweise ist es hilfreich, sich zu vergegenwärtigen, dass Konstantin keineswegs ungewöhnlich handelt. Wir haben oben gesehen, dass sehr viele Menschen sich über lange Zeit mit dem Katechumenenstatus begnügen und die Taufe erst sehr spät empfangen. Insofern ist Konstantins Haltung eventuell weniger erklärungsbedürftig und weniger von spezifisch politischen Motiven geprägt, als zuweilen angenommen wird.

Taufe Konstantins

Im Umgang mit der christlichen Kirche agiert Konstantin zunächst im Rahmen des Toleranzedikts des Galerius. So veranlasst er ab 312 die Provinzstatthalter, für die Rückgabe der Kirchenvermögen zu sorgen, die während der Verfolgungszeit konfisziert worden sind. In der Mailänder Vereinbarung, die er mit seinem Mitkaiser Licinius 313 erarbeitet, wird dies für das ganze Reich angeordnet.

Mailänder Vereinbarung

Konstantin unterstützt die Kirche seit 312 auch durch monetäre Zuweisungen. Außerdem entscheidet er, dass die Kleriker von den *munera*, den Dienstleistungen, welche die Bürger für den Staat erbringen müssen, befreit sein sollen (vgl. dazu oben Kap. 1.3.1). Auch diese Maßnahme ergibt sich aus der Anerkennung des Christentums als *religio licita*: Die Priester heidnischer Kulte sind ebenfalls von der staatlichen Dienstpflicht ausgenommen. Die finanzielle Unterstützung derjenigen Kulte, welche unter dem Schutz des Staates stehen, ist gleichfalls nichts Außergewöhnliches. Konstantin ordnet an, dass allein die katholische Kirche diese Zuwendungen erhalten und nur die katholischen Priester in den Genuss der Privilegien kommen sollen – christliche Gemeinschaften, die sich von der katholischen Kirche abgespalten haben beziehungsweise von jener als häretisch eingestuft werden, sind also ausgenommen.

Dies ist aus kaiserlicher Sicht eine pragmatische Entscheidung. Von der katholischen Kirche wird das fraglos begrüßt, gleichwohl kann es für sie Folgen haben, die den Beteiligten anfänglich sicher nicht bewusst waren: Das Vorgehen ist so lange unproblematisch, wie in der Kirche Konsens darüber herrscht, welche Gemeinschaften als katholisch beziehungsweise orthodox anzusehen sind. Ist das nicht der Fall, so wird es staatlicherseits nötig, diesbezüglich eine Entscheidung herbeizuführen. Hier kann ein Eingreifen des Staates in Angelegenheiten der Kirche notwendig werden, die gegebenenfalls zentrale Fragen der Dogmatik betreffen.

Donatistenstreit

Zu einem Eingreifen des Kaisers kommt es auch im Zusammenhang mit zwei innerkirchlichen Konflikten. Der eine ist der **Donatistenstreit**.

E | **Donatistenstreit**

Beim Donatistenstreit handelt es sich um einen Konflikt innerhalb der nordafrikanischen Kirche. In der christlichen Gemeinde Karthagos kommt es zu einem Schisma, einer Spaltung der Gemeinde. Grund dafür ist eine massive Kritik am Bischof Caecilianus. Ihm wird vorgeworfen, von einem sogenannten *traditor*, das heißt einem Bischof, der während der Verfolgungen unter den Tetrarchen dem Staat heilige Schriften ausgeliefert hat, geweiht worden zu sein. Seine Kritiker entheben ihn daher des Amtes und setzen statt seiner zunächst Maiorinus beziehungsweise nach dessen baldigem Tod Donatus als neuen Bischof ein.

Die Kritiker des Caecilianus begnügen sich nicht mit einem theologischen Disput mit diesem Bischof. Sie werfen ihm gleichzeitig Straftatbestände vor und erheben daher Klage beim Statthalter und verfassen eine Eingabe an den Kaiser. Sie rufen den Kaiser damit in seiner Funktion als Richter an und involvieren ihn auf diese Weise in den Konflikt. Konstantin führt die Klage nicht selbst, sondern lässt zu dem Zweck eine Bischofsversammlung einberufen. Diese soll das Urteil fällen; der Kaiser will es anschließend übernehmen und es mit staatlichen Mitteln durchsetzen. Sie spricht Caecilianus frei, was die Donatisten veranlasst, beim Kaiser Berufung einzulegen. Konstantin beruft daraufhin nunmehr selbst eine zweite Synode ein, die zum gleichen Ergebnis gelangt wie die erste. Als die Donatisten wiederum an den Kaiser appellieren, führt er die Verhandlung schließlich persönlich an seinem Kaiserhof durch. Caecilianus wird ein drittes Mal freigesprochen.

Formal betrachtet handelt Konstantin während des ganzen Konfliktes in seiner traditionellen Funktion als oberster Richter. Die Mehrzahl der Kirchenvertreter akzeptiert sein Verhalten offenbar. Explizite Kritik kommt lediglich von Donatus selbst. Er wirft schließlich die Frage auf, was denn der Kaiser mit der Kirche zu tun habe (*Quid est imperatori cum ecclesia?*). Dies sollte nicht als grundsätzliche Stellungnahme zur Relation von Kaiser und Kirche verstanden werden: Es ist bezeichnend, dass die Donatisten selbst den Kaiser in die Angelegenheit involvieren, was darauf schließen lässt, dass auch sie keinen Zweifel an seiner Zuständigkeit haben. Hinzu kommt, dass Donatus die genannte Frage erst formuliert, nachdem er und seine Anhänger sich mit ihrer Position nicht durchsetzen konnten. Dennoch wird die Frage gelegentlich als prinzipielle aufgefasst, und das schon von Zeitgenossen. Infolgedessen formuliert Optatus von Mileve, der sich in der zweiten Hälfte des 4. Jahrhunderts kritisch mit den Donatisten beschäftigt, als Replik, dass der Staat nicht Teil der Kirche, sondern die Kirche Teil des Staates, das heißt des römischen Reiches, sei (*Non enim republica est in ecclesia, sed ecclesia est in republica, id est in imperio Romano;* Optatus, *Contra Parmenianum Donatistam* 3,3).

Der zweite innerkirchliche Konflikt in konstantinischer Zeit, in dem der Staat eine entscheidende Rolle spielt, ist der **Arianismusstreit.**

Arianismusstreit

> **Arianismusstreit**
> Der Arianismusstreit beschäftigt zunächst zahlreiche Gemeinden in den Städten des östlichen Reichsteils und dehnt sich schließlich auf den Westen aus. Es geht um die grundsätzliche theologische Frage nach dem Wesen Christi. Der alexandrinische Presbyter Arius vertritt dazu die Auffassung, dass Christus als „ein Geschöpf und ein Geschaffenes" zu verstehen sei. Damit begreift er ihn primär als Mensch, nicht als Gott.

Die Position des Arius wird zum Stein des Anstoßes. Seine Gegner lehnen sie strikt ab. Nach ihrem Verständnis muss Christus selbst Gott sein, um seine soteriologische Funktion erfüllen zu können. Sie fordern Arius daher auf, sich von seiner Ansicht zu distanzieren. Als dieser sich weigert, wird zunächst unter Leitung des Bischofs Alexander von Alexandrien eine Synode ägyptischer Bischöfe einberufen, die Arius exkommuniziert. Eine Synode bithynischer Bischöfe aber bewertet seine Auffassung kurz darauf als rechtgläubig und spricht sich für die Wiederaufnahme des Arius und seiner Anhänger in die Kirche aus. Gleiches unternimmt eine Synode in Palästina. Alexander von Alexandrien lehnt die Rehabilitierung des Arius jedoch weiterhin ab. Damit also haben sich mehrere provinziale Synoden mit der Angelegenheit beschäftigt und sind zu keiner Lösung gelangt. Nun wird Konstantin tätig. Er handelt dabei aus seiner traditionellen Rolle als ***pontifex maximus*** heraus. Als solcher hat er darauf zu achten, dass die Kulte im Reich angemessen vollzogen werden und so zum Wohle des Reiches wirken.

E

> **pontifex maximus**
> Der *pontifex maximus* hat seit republikanischer Zeit als oberster Priester die
> Oberaufsicht über den gesamten Kult. Seit Augustus wird dieses Amt stets vom
> Kaiser bekleidet. Auch nachdem sich die Kaiser dem Christentum zugewandt ha-
> ben, versorgen sie diese Funktion zunächst weiter. Mit der Zurückdrängung der
> paganen Kulte verliert das Amt aber an Bedeutung. Spätere Kaiser verzichten,
> wie wir noch sehen werden, auf den Titel. Die Sorge des Kaisers für den religiö-
> sen Bereich – fortan für die christliche Kirche – bleibt jedoch erhalten.

Seine Motivation ist es, die Einheit des Glaubens wiederherzustellen, die er
als wesentliches Element der Einheit des Reiches begreift. Der Kaiser
schreibt dazu im Jahre 324 in einem Brief an Alexander von Alexandrien
und an Arius, mit dem er beide auffordert, ihren Konflikt beizulegen:

Q

> Als Erstes wollte ich die Vorstellung aller Völker hinsichtlich des Göttlichen ver-
> einheitlichen, als Zweites dann den Körper des gesamten Erdkreises, der ebenfalls
> an einer schweren Wunde litt, wieder herstellen und zusammenfügen. (Eusebius,
> *Vita Constantini* 2,65,1)

Konzil von Nicaea

Als auf diese Weise keine Lösung herbeizuführen ist und auch eine weitere
Synode nichts ausrichtet, beruft der Kaiser für 325 selbst eine Synode von
Bischöfen aus dem gesamten Reich nach Nicaea. Später bezeichnet man
diese als erstes allgemeines Konzil der Kirchengeschichte. Konstantin selbst
nimmt dabei eine Schlüsselfunktion ein: Er veranlasst nicht nur die Einberu-
fung, sondern lässt die Versammlung auch in seinem Kaiserpalast tagen,
übernimmt persönlich den Vorsitz, beteiligt sich an den Verhandlungen und
wirkt offenbar sogar bei der Formulierung des Ergebnisses entscheidend
mit. Man erarbeitet eine neue Glaubensformel, welche die Mehrzahl der
Bischöfe als hinnehmbaren Kompromiss unterzeichnet: Gottvater und
Christus seien „wesensgleich" (*homooúsios*), Christus „wahrer Gott vom
wahren Gott". Konstantin proklamiert die Beschlüsse des Konzils in einem
offiziellen Edikt und verleiht ihnen damit Gesetzeskraft.

    Die Rolle des Kaisers wird offenbar von der Majorität der Bischöfe akzep-
tiert. Man ist sich wohl darüber im Klaren, dass in einem so grundlegenden
theologischen Konflikt, an dem auch die Bevölkerung in Alexandrien und
den anderen besonders stark involvierten Städten des Ostens regen Anteil
nimmt, eine Lösung gefunden werden muss. Die Kirche verfügt bislang über
keine Einrichtung, die in der Lage ist, eine Entscheidung herbeizuführen,
wenn Provinzialsynoden in einer Sache zu unterschiedlicher Ansicht
gelangt sind. Keine kirchliche Institution verfügt über die Handlungskompe-
tenz, in einem solchen Fall zu agieren. Der Bischof von Rom hat im Westen
noch nicht den Primat erlangt, den er, wie wir gesehen haben, im 5. Jahrhundert erreicht (Kap. 1.3.2). Im Osten, wo die Auseinandersetzung primär
stattfindet, gibt es erst recht keine Instanz, die nun handeln könnte. Die Kirche ist in der Situation auf kaiserliche Unterstützung angewiesen.

    Eine kritische Haltung dem Kaiser gegenüber ist hier, wie beim Donatis-
tenstreit, bei denjenigen Kirchenvertretern zu sehen, die ihre Position nicht
durchsetzen können. Im Speziellen ist dabei Athanasius zu nennen, der Alexander auf dem Bischofsstuhl von Alexandrien nachfolgt. Dieser spricht

sich entschieden gegen die Rehabilitierung des Arius aus, welche der Kaiser wie auch die Mehrzahl der Bischöfe befürworten. Auf einer Synode in Antiochien im Jahre 328 setzt Athanasius sich für eine grundsätzliche Regelung ein, wie bei Konflikten unter Bischöfen in Zukunft zu verfahren sei. Die Teilnehmer legen fest, dass in derartigen Fällen die Provinzialsynode in herkömmlicher Manier als Gericht fungieren soll. Wird ein Bischof von einer solchen Synode einstimmig verurteilt, soll er keine Einspruchsmöglichkeit mehr haben. Ist das Urteil nicht einstimmig, sei eine Revision zulässig. In dem Fall soll die Angelegenheit einer größeren Synode vorgetragen werden, vermutlich einer, an der auch die Bischöfe der Nachbarprovinz teilnehmen. Ausdrücklich untersagt wird dem Betroffenen, an den Kaiser zu appellieren. Damit ist also intendiert, Verfahren, welche die Bischöfe betreffen, ausschließlich von den kirchlichen Institutionen durchführen zu lassen. In der Praxis ist das jedoch zunächst von geringer Bedeutung: So wendet sich Athanasius selbst mehrfach an Konstantin. Wenn einem Bischof – wie im Donatistenstreit geschehen – neben theologischen Verfehlungen Straftaten vorgeworfen werden, ist dies ebenfalls kein gangbarer Weg. Hier ist weiterhin ein weltliches Gericht zuständig. Falls verschiedene Bischofsgerichte zu unterschiedlichen Einschätzungen gelangen, erweist sich das in Antiochien beschlossene Verfahren ebenfalls als nicht praktikabel. Da ist auch jetzt noch eine größere Instanz nötig, die auf die Mitwirkung des Kaisers angewiesen ist. Entsprechend ist es konsequent, dass die **kaiserliche Synodalgewalt** nicht ernsthaft in Frage gestellt wird.

> **Kaiserliche Synodalgewalt**
> Die kaiserliche Synodalgewalt meint das Recht des Kaisers, Synoden einzuberufen, zu leiten und für die Umsetzung ihrer Beschlüsse zu sorgen.

Konstantins Verhältnis zum Christengott ändert sich mit der Zeit. Hat er sich anfangs von ihm in der Schlacht begünstigt gefühlt, so sieht er sich mehr und mehr als von ihm beauftragter Herrscher. Zunächst scheint er die von ihm favorisierte Gottheit auch nicht eindeutig als Christengott verstanden zu haben, sondern er identifiziert ihn – in synkretistischer Art und Weise, wie sie zu seiner Zeit verbreitet ist – mit dem Sonnengott, den er vorher schon verehrt hat. Dass Konstantin sich als von Gott beauftragt versteht, kommt gesteigert ab 324 zum Ausdruck, als er zum alleinigen Kaiser des römischen Reiches wird. Nun entsteht überdies die Vorstellung, dass der Kaiser für die Verbreitung der christlichen Religion zuständig und das Reich unter dem Christentum religiös zu einen sei. Besonders deutlich wird das in einem Brief, den Konstantin an die Bewohner der östlichen Provinzen schreibt. Hier heißt es unter anderem:

Meinen Dienst hat Gott gewollt und für geeignet gehalten, seinen Entschluss auszuführen, der ich am britannischen Meer und bei den Ländern, in denen die Sonne nach dem Gesetz der Natur untergeht, begonnen habe, die überall herrschenden Schrecken zu vertreiben und zu zerstreuen, damit das Menschengeschlecht, belehrt durch meine Vermittlung, zum Dienst des heiligsten Gesetzes zurückkehre und sich zugleich der seligste Glaube unter der göttlichen Leitung ausbreite. (Eusebius, *Vita Constantini* 2,28)

Synode in Antiochien

E

Konstantins Verhältnis zum Christengott

Q

Gottesgnadentum

Wir haben es hier also mit einem Gottesgnadentum christlicher Provenienz zu tun. Ansätze für ein Gottesgnadentum sind auch schon unter den Vorgängern Konstantins, den Tetrarchen, auszumachen. Wie wir oben gesehen haben, lässt sich deren Herrschaftskonzeption jedoch eher als eine Mischform aus Gottkaisertum und Gottesgnadentum verstehen, indem sie sowohl von Göttern Beauftragte als auch Söhne von Göttern und damit selbst Teil der göttlichen Familie sind (vgl. Teil I, Kap. 2.1.4). Einen wesentlichen Anteil an der Ausbildung des christlichen Kaisertums hat Eusebius von Caesarea, der zeitgenössische Biograph Konstantins und erster Autor einer Kirchengeschichte, die von den Anfängen bis in die konstantinische Zeit reicht. Er streicht heraus, dass Gott Konstantin zum Herrn aller erwählt habe, so dass kein Mensch ihm gegenüber einen Vorrang beanspruchen könne (*Vita Constantini* 1,24). Dass gegen einen solchen Herrscher Widerstand unzulässig ist, versteht sich von selbst.

Auch wenn der christliche Kaiser nicht mehr selbst als Gott verstanden werden kann, endet die Verehrung des Kaisers keineswegs. So bleibt etwa die Bedeutung des Kaiserbildes erhalten. Dessen Adoration wird nicht vollständig und ersatzlos verboten. Man versucht aber, ihm eine neue Interpretation zu geben: Die Verehrung soll nun nicht mehr der Person des Kaisers gelten, sondern als Zeichen der Loyalität gegenüber dem Amt verstanden und damit säkularisiert werden. Inwieweit sich dieses Verständnis in der Bevölkerung durchsetzt, ist jedoch schwer zu beurteilen.

Die Zuständigkeiten des Kaisers ändern sich durch die Christianisierung kaum. Eine Neuerung ist gleichwohl in dem Anspruch zu sehen, für die Verbreitung der christlichen Religion einzutreten. Dies gilt nicht nur innerhalb des Reiches, sondern auch nach außen. So fühlt sich der Kaiser aufgerufen, für die Missionierung der Barbaren zu sorgen. Mindestens sieht er sich dafür zuständig, für den Schutz der Christen außerhalb der Reichsgrenzen einzutreten.

Herrschertugenden

Auch die Herrschertugenden, die der Kaiser für sich in Anspruch nimmt und an denen er gemessen wird, bleiben weitestgehend erhalten: Wie in der Vergangenheit wird vom Kaiser erwartet, dass er Milde (*clementia*) walten lässt. Er soll sich durch Freigebigkeit (*liberalitas*) auszeichnen und der Bevölkerung Wohltaten (*beneficia*) zukommen lassen. Außerdem hat er sich durch Gerechtigkeit (*iustitia*) hervorzutun. Zudem soll er für den Frieden (*pax*) sorgen. Dazu gehört auch, dass er ‚Tapferkeit‘ (*virtus*) demonstriert und sich als Sieger (*victor*) erweist. Allerdings ist es für den Kaiser aufgrund der religiösen Legitimation seiner Herrschaft weniger bedeutsam als im Prinzipat, sich in konkretem Handeln als der Beste zu bewähren. Neu und spezifisch christlich ist die Erwartung, dass der Kaiser auch Demut (*humilitas*) zu zeigen hat. Ein neuartiges Kriterium für die Bewertung der späteren getauften Kaiser ist auch deren Rechtgläubigkeit (Orthodoxie).

Toleranz gegenüber den *pagani*

Der Bezug auf den Christengott bedeutet jedoch nicht, dass Konstantin das römische Reich konsequent in christlichem Sinne gestaltet. Betrachtet man seine Gesetze, so stellt man fest, dass explizit christliche Intentionen hier nur in sehr wenigen Fällen auszumachen sind. Er unternimmt auch kaum Schritte gegen die paganen Kulte. Die Aussage des Eusebius, Konstantin habe es allen Reichsbewohnern verboten, den paganen Göttern zu opfern, Wahrsagerei zu betreiben, Götzenbilder aufzustellen, heimliche Gottesdienste zu feiern oder mit blutigen Gladiatorenspielen die Städte zu beflecken (*Vita Constantini* 4,25), ist wohl in dieser pauschalen Form nicht zutreffend. Sollte es derartige Regelungen gegeben haben, so können sie zumindest nicht Reichsgesetz geworden sein. Ansonsten hätten Konstantins Nachfolger in ihren Dekreten zu den paganen Kulten mit großer Wahrscheinlichkeit explizit darauf rekurriert.

Was Konstantin hingegen mit Sicherheit verbietet, ist die privat betriebene Wahrsagerei und Eingeweideschau. Eine spezifisch christliche Intention liegt dem nicht zugrunde, denn öffentliche pagane Praktiken bleiben ausdrücklich gestattet. Es ist davon auszugehen, dass Konstantin sich bei dem Verbot vorrangig durch Furcht vor politischen Gegnern leiten lässt, die nicht selten mit privater Prophetie und magischen Praktiken (zum Beispiel Schadenszauber) operieren. Auch frühere Kaiser, die keinerlei Bezug zum Christentum aufweisen, haben bereits derartige Gesetze erlassen.

In Konstantins Repräsentation verlieren pagane Elemente an Bedeutung, seit er sich eindeutig auf den Christengott ausrichtet. Gänzlich verschwinden sie aber nicht. Der Kaiser äußert sich jedoch zunehmend despektierlich gegenüber den *pagani*, bezeichnet sie etwa als unvernünftig und hält ihnen vor, sich der Wahrheit zu verschließen. Dennoch geht er nicht gewaltsam gegen sie vor und versucht nicht, sie zwangsweise zur Hinwendung zum Christentum zu veranlassen.

Viele Christen scheinen mit der libertinen Haltung des Kaisers zu den paganen Kulten nicht einverstanden zu sein. Darauf reagiert Konstantin selbst in einem weiteren Schreiben an die Bewohner der östlichen Provinzen von 324:

> Niemand soll aber mit dem, was er selbst aus Überzeugung angenommen hat, einem anderen Schaden zufügen. Jeder soll nach Möglichkeit mit dem, was er gesehen und erkannt hat, dem Nächsten nützen. Wenn das aber nicht möglich ist, soll er es lassen. Denn es macht einen Unterschied, ob jemand den Kampf um die Unsterblichkeit freiwillig aufnimmt oder mit Strafen dazu gezwungen wird. Dies habe ich gesagt und ausführlicher dargelegt, als es das Ziel meiner Milde erfordert hätte. Ich möchte meinen Glauben an die Wahrheit nicht verbergen, insbesondere deshalb, weil einige, wie ich höre, sagen, die Bräuche der Tempel und die Macht der Finsternis seien beseitigt. Das hätte auch ich allen Menschen geraten, wenn sich nicht der gewaltsam auflehnende Irrtum zum Schaden für das gemeinsame Heil maßlos in den Herzen einiger festgesetzt hätte. (Eusebius, *Vita Constantini* 2,60,1)

2.3 Das Verhältnis von Staat und Kirche unter Constantius

Konstantins Sohn Constantius geht während seiner Regentschaft energischer gegen die heidnischen Kulte vor als sein Vater. Allerdings verfährt er dabei nicht so rigoros, wie die ältere Forschung oft gemeint hat. Im Jahre 341 erlässt er gemeinsam mit seinem Bruder und Mitkaiser Constans ein Edikt, in dem es heißt:

> Es weiche der Aberglaube (*superstitio*), der Wahnsinn der Opfer werde abgeschafft (…). (*Codex Theodosianus* 16,10,2)

Intention hierbei ist nicht, entschiedene Schritte gegen das Heidentum einzuleiten. Möglicherweise geht es lediglich darum, Anordnungen Konstantins zur *superstitio* zu bestätigen. In der Folge aber kommt es vermehrt zur Schließung von Tempeln. Jedoch verfügen die beiden Kaiser ausdrücklich, dass die Tempel außerhalb der Stadtmauern Roms erhalten bleiben sollen, weil diese zum Teil im Zusammenhang mit Spielen, Zirkusveranstaltungen und Sportwettkämpfen stehen, die man der Bevölkerung belassen möchte. Gleichwohl wird festgelegt, dass hier künftig keine *superstitio* mehr stattfinden dürfe, das heißt Opferungen werden untersagt (*Codex Theodosianus* 16,10,3).

Maßnahmen des Constantius gegen das Heidentum   Während seiner Alleinherrschaft ab 353 verstärkt Constantius die Maßnahmen gegen das Heidentum. Dies hat nicht zuletzt damit zu tun, dass der Usurpator Magnentius, den er zuvor zu überwinden hatte, die nächtlichen Opferfeiern wieder eingeführt hatte. Auch das Verbot der Haruspizien und der Wahrsagerei, das Constantius verhängt, lässt sich auf die Furcht vor weiteren Usurpationen zurückführen.

354 verbietet der Kaiser sämtliche Opferungen und ordnet die Schließung aller Tempel an. Wer sich dem nicht fügt, soll mit dem Tode bestraft werden. Gleiches gilt für die Statthalter, die es unterlassen, in solchen Fällen die Todesstrafe zu verhängen:

> Wir haben beschlossen, dass an allen Orten und in sämtlichen Städten im Reich die Tempel mit sofortiger Wirkung geschlossen werden und dass dadurch, dass allen der Zutritt verboten wird, den Verworfenen die Freiheit genommen wird, sich zu vergehen. Wir wollen auch, dass alle Abstand von den Opfern nehmen. Wenn aber jemand etwas Derartiges tun sollte, so soll er durch das rächende Schwert niedergestreckt werden. Das Vermögen der Hingerichteten soll der Staatskasse zufallen, und die Leiter der Provinzen sollen auf ähnliche Weise bestraft werden, wenn sie es vernachlässigen, diese Verbrechen zu bestrafen. (*Codex Theodosianus* 16,10,4)

Zwei Jahre später wird dieses Gesetz wiederholt. Anlässlich eines Rombesuches 357 ordnet Constantius an, dass der Altar der heidnischen Siegesgöttin Victoria aus dem Sitzungssaal des Senats entfernt wird.

Der Kaiser lässt zahlreiche Tempel und Götterbilder zerstören und gestattet auch, dass Vertreter der Kirche solches tun. Über den Tempeln werden nicht selten christliche Kirchen errichtet. Die paganen Heiligtümer der Stadt Rom, von denen sich der Kaiser bei seinem Besuch in der westlichen Metropole beeindruckt gezeigt hat, bleiben jedoch verschont.

Die Maßnahmen gehen einher mit der zunehmenden Ausbreitung des Christentums im Reich. Diese lässt sich sowohl als Bedingung wie auch als Folge der Politik des Constantius begreifen. Einige Christen verlangen nun energischer als zur Zeit Konstantins rigorose Schritte gegen die paganen Kulte. Besonders weit geht in dieser Hinsicht Firmicus Maternus. In seiner

Schrift *De errore profanarum religionum* fordert er von Constantius und seinem Bruder Constans (die Schrift ist zwischen 346 und 350, also noch vor der Alleinherrschaft des Constantius, entstanden) die Auslöschung des Heidentums. Er schreibt unter anderem:

> Q
>
> Euch aber, ihr allerheiligsten Kaiser, wird die Pflicht auferlegt, dieses Übel zu züchtigen und zu strafen, und dies wird euch durch das Gesetz des höchsten Gottes geboten, dass eure Strenge den Frevel des Götzendienstes auf jede Weise verfolgt. Hört und nehmt in eure heiligen Sinne auf, was Gott hinsichtlich dieses Frevels befiehlt. Im Deuteronomium ist folgendes Gesetz aufgeschrieben, das lautet: ‚Wenn dein Bruder, dein Sohn, deine Gattin, die an deiner Brust ruht, oder dein Freund, der dir lieb ist wie dein Leben, dich bittet und heimlich sagt: „Lass uns gehen und anderen Göttern dienen, den Göttern der Heiden", so sollst du ihm nicht beipflichten und nicht auf ihn hören, und dein Auge soll ihn nicht schonen, und du sollst ihn nicht geheim halten. Auf ihn zeigend, sollst du ihn anzeigen. Deine Hand soll zuerst über ihm sein und ihn töten, anschließend die Hand des ganzen Volkes. Sie sollen ihn steinigen, und er soll sterben, weil er versucht hat, dich vom Herrn abzuwenden.' Er befiehlt, weder den Sohn noch den Bruder zu schonen, und durch die Glieder der geliebten Gattin führt er das richtende Schwert. Ebenso verfolgt er den Freund mit erhabener Strenge und das gesamte Volk wird gerüstet, um die Körper der Gottlosen zu zerfleischen. (Firmicus Maternus, *De errore profanarum religionum* 29,1 f.)

Den Erwartungen des Firmicus entspricht Constantius nicht. Wir wissen heute, dass er sogar noch in erheblicher Zahl Heiden in staatlichen Ämtern beschäftigt hat. Seine antiheidnischen Gesetze werden auch nicht überall rigoros durchgesetzt. Es gibt gar Nachrichten über öffentliche Opfer, die während seiner Regentschaft stattfinden. Schließlich erhalten die heidnischen Kulte weiterhin staatliche Zuschüsse.

Der Arianismusstreit, den Kaiser Konstantin besonders durch das Konzil von Nicaea zu lösen versucht hat (vgl. oben Kap. 2.2), ist noch nicht beigelegt. Insbesondere die Komplikationen um die Person des Athanasius, eines der entschiedensten Gegner der Arianer, dauern an. Im Unterschied zu seinem Vater sympathisiert Constantius mit den Arianern. Wie Konstantin bemüht er sich um die Einheit des Christentums, allerdings nun unter arianischen Vorzeichen. Aus welchen Gründen er sich den Arianern verschreibt, ist nicht mit Sicherheit zu klären. Es mag damit zusammenhängen, dass er es an seinem Hof primär mit arianischen Bischöfen zu tun hat, die Einfluss auf ihn gewinnen. Möglicherweise erkennt er aber auch, dass die arianische Lehre besonders gut geeignet ist, die Position des Kaisers als eines von Gott beauftragten Herrschers herauszustreichen: Da sie Christus nicht als Gott versteht, kann sich der Kaiser leichter mit ihm identifizieren und sich gleich ihm als Inkarnation Gottes präsentieren.

Constantius wird von katholischen Bischöfen im Westen des Reiches und auch von Athanasius massiv kritisiert. Besonders Letzterer hat dazu beigetragen, ein äußerst ungünstiges Bild dieses Kaisers zu zeichnen. Eine zentrale Rolle spielt dabei das Verhalten des Kaisers auf einer Synode in Mailand 355: Auf einer Bischofsversammlung in Arles 353 ist es ihm gelungen, die westlichen Bischöfe zur Verurteilung des Athanasius zu veranlassen. In

Constantius und der Arianismus

Mailand schwenken einige von ihnen wieder um. Als der Kaiser sie wiederum drängt, gegen Athanasius zu unterschreiben, fordern sie den Regenten auf, die kirchlichen Rechte (*canones*) zu achten. Daraufhin soll Constantius, der hinter einem Vorhang verborgen den Verhandlungen beiwohnt, gesagt haben: „Was ich will, hat als Kanon zu gelten". Die meisten Bischöfe, die sich widersetzen, werden exiliert.

Athanasius berichtet davon in seiner *Geschichte der Arianer* (*Historia Arianorum*). Hier zitiert er auch aus einem Brief des Bischofs Ossius von Cordoba, mit dem dieser den Kaiser entschieden ersucht, sich nicht in kirchliche Angelegenheiten zu mischen und ihn selbst daher auch nicht zu veranlassen, gegen Athanasius zu unterzeichnen. Dem Kaiser habe Gott die Regierung des Reiches übertragen, den Bischöfen aber die Verwaltung der Kirche anvertraut (*Historia Arianorum* 44). Ob Ossius dies selbst so formuliert hat oder ob Athanasius ihm die Worte in den Mund gelegt hat, wissen wir nicht.

Der Vorwurf des ‚Caesaropapismus'

Die ältere Forschung hat diese Begebenheit teilweise zum Anlass genommen, Constantius des ‚Caesaropapismus' zu beschuldigen, das heißt für sich selbst die Leitungsfunktion in der Kirche zu beanspruchen. Eine solche Herrschaftsauffassung betrachten einige Forscher als charakteristisch für den griechischen Osten. Allen voran ist der niederländische Theologe Hendrik Berkhof zu nennen, der in den vierziger Jahren des vergangenen Jahrhunderts zwei Modelle unterschieden hat, mit denen sich das Verhältnis von Staat und Kirche seit der Spätantike skizzieren lasse: den ‚Byzantinismus', in dem Staat und Kirche eine Einheit bilden und der Kaiser an der Spitze der Kirche steht, und die ‚Theokratie', in der der Kaiser keine solche Stellung für sich reklamiert, sondern eine ‚Gottesherrschaft' besteht. Dieses Modell sei geeignet, die Verhältnisse im lateinischen Westen zu erfassen: Der Staat diene hier Gottes ‚Heilsplan', wohingegen im Osten die Kirche dem ‚Staatsplan' folge.

Diese Beschreibung ist stark durch eine westliche Perspektive geprägt: Sie hält dem Kaiser vor, die Rolle für sich zu fordern, die aus westlicher Sicht dem Papst zusteht. Da es diesen, wie wir gesehen haben, erst seit Mitte des 5. Jahrhunderts gibt, ist der Vorwurf des Caesaropapismus zumindest für das 4. und frühe 5. Jahrhundert anachronistisch. Osteuropäische Autoren beschreiben die Rolle des Kaisers in der Kirche denn auch anders; sie sehen diese bei weitem weniger kritisch. Berkhof führt die von ihm herausgearbeitete Differenz auf Mentalitätsunterschiede zwischen Ost und West zurück. Zugleich aber bemerkt er, dass die Konflikte zwischen den westlichen Bischöfen und Kaiser Constantius maßgeblich damit zu tun haben, dass dieser sich dem Arianismus verschrieben hat. Mit katholischen Kaisern besteht ein solches Problem zunächst nicht. In letzterer Einschätzung stimmen die meisten heutigen Forscher mit Berkhof überein.

Betrachtet man die Kritik, die Athanasius formuliert, genauer, so geht es ihm nicht darum, das Verhältnis von Staat und Kirche grundsätzlich zu thematisieren und dem Kaiser prinzipiell das Recht abzusprechen, sich in kirchliche Angelegenheiten zu mischen. Eine Kritik am christlichen Kaisertum, wie Eusebius es entwickelt hat, findet sich bei ihm tatsächlich nicht. Er wendet sich ausschließlich gegen die Auffassungen der Arianer, die er als häretisch begreift, und tadelt den Kaiser damit in theologischer Hinsicht.

2.4 Julian Apostata und der Versuch einer paganen Restauration

Julian, der Cousin und Nachfolger des Constantius, wird christlich erzogen, fühlt sich aber stärker von klassischer Rhetorik und Philosophie angesprochen. Speziell die neuplatonische Lehre fasziniert ihn. Besonders beeindruckt ihn der Redner Libanius, dessen Vorlesungen er liest. Daneben zeigt er Interesse an den Mysterienkulten: In Athen lässt er sich in die Eleusinischen Mysterien einweihen. Überdies sympathisiert er mit dem Sonnengott Sol.

Seit er ab 361 nach dem Tod des Constantius alleiniger Kaiser ist, bekennt er sich offen zu seiner Abwendung vom Christentum, was sich auch in seiner Politik niederschlägt: So versucht er, die paganen Kulte wiederzubeleben. Allerdings nehmen diese eine eigentümliche Gestalt an: Die Priester werden angehalten, sich durch vorbildliches Verhalten auszuzeichnen, beispielsweise nicht mehr ins Theater zu gehen. Sie dürfen auch nur noch bestimmte Berufe ausüben. Außerdem sollen sie karitative Funktionen übernehmen: In den Städten werden Herbergen gebaut, die Priester sollen sich um die Unterstützung der Armen kümmern. All das hat mit der traditionellen paganen Religion wenig zu tun. Statt sich auf deren Qualitäten zu besinnen, die etwa darin bestehen, dass sie besser als das Christentum auf die Bedürfnisse der bäuerlichen Schichten reagiert, versucht Julian, zentrale Elemente der christlichen Kirche zu imitieren. Anfang 362 erlässt er ein Edikt, mit dem er den Wiederaufbau der heidnischen Tempel und die dazu notwendige Rückgabe von Grund und Boden anordnet. Den Altar der Victoria lässt er in den Senatssaal zurückverbringen.

Förderung paganer Kulte

Daneben trifft Julian Maßnahmen, die sich gegen die christliche Kirche wenden: Er verbietet das Christsein nicht, verfolgt auch keine Christen. Gleichwohl sucht er die Einheit der Kirche zu schwächen, indem er exilierten Bischöfen die Rückkehr ermöglicht. Die christlichen Kleriker trifft er, indem er ihre steuerlichen Privilegien einschränkt, womit die kirchlichen Funktionen ein Gutteil ihrer Attraktivität verlieren.

Maßnahmen gegen das Christentum

In seinem *Rhetorenedikt* von 362 verfügt er, dass die *magistri studiorum* und die *doctores*, gemeint sind besonders die *grammatici* und Rhetoriklehrer, sich in erster Linie durch ihre Sitten und dann durch ihre Redekunst auszeichnen sollen. Wer sich als Lehrer betätigen möchte, muss durch einen Beschluss des jeweiligen Stadtrates als solcher anerkannt sein und hat ein Dekret der Ratsherren mit einstimmigem Votum der Vornehmsten unter ihnen zu erlangen (*Codex Theodosianus* 13,3,5). Was Julian damit beabsichtigt, verdeutlicht er in mehreren seiner Schriften: Er fordert, dass Grammatiker und Rhetoren sich mit den Normen identifizieren, die in den Schriften, welche sie vermitteln, propagiert werden. Dazu gehört auch, dass sie die Herleitung der Werte von den paganen Göttern akzeptieren. Es soll kein Widerspruch zwischen der persönlichen Haltung der Lehrer und ihrem Unterricht bestehen. Einen solchen aber diagnostiziert der Kaiser bei christlichen *grammatici* und Rhetoren. Julian äußert sich zu der Thematik unter anderem in einem Brief, bei dem es sich wahrscheinlich um ein Sendschreiben an sämtliche Lehrer im Reich handelt:

Wirkliche Bildung besteht unserem Verständnis nach nicht in beeindruckender Ebenmäßigkeit der Worte und der Sprache, sondern in der gesunden Verfassung eines vernünftigen Denkens und in rechten Auffassungen über Gut und Böse, Schön und Hässlich. Wer also seinen Schülern anderes vermittelt, als er selbst denkt, ist meiner Ansicht nach von wirklicher Bildung so weit entfernt wie vom Charakter eines anständigen Menschen. Wenn die Abweichungen von Denken und Reden nur Geringes betreffen, ist das zwar ungünstig, aber noch irgendwie zu erdulden. Lehrt aber jemand in wesentlichen Dingen das Gegenteil dessen, was er denkt, ist das dann nicht ein Kennzeichen von Krämerseelen, ein Merkmal äußerst schlechter Menschen, welche die Ware, die sie für die am wenigsten qualitätvolle halten, am lautesten anpreisen (…)? Daher müssen alle, die irgendeine Art von Unterricht geben, in ihrer Haltung ohne Tadel sein und dürfen im Inneren keine Auffassungen tragen, die dem, was sie nach außen präsentieren, widersprechen (…). (Julian, *Epistula* 61c [422 A–C])

In der Praxis führt das Gesetz dazu, dass viele christliche Lehrer ihren Beruf aufgeben müssen. Damit löst er erhebliche Kritik unter den Christen und zum Teil auch unter Nichtchristen aus.

Diskussion über Julian   Julian stirbt bereits 363 auf einem Feldzug gegen die Perser. Die Forschung hat oft diskutiert, ob diesem Kaiser mit seiner Restaurationspolitik möglicherweise Erfolg beschieden gewesen wäre, wenn seine Regierungszeit länger angedauert hätte. Darauf eine Antwort zu geben, ist nicht ganz einfach: Die Christen bilden zu seiner Zeit zumindest im Osten bereits die Mehrheit der Reichsbevölkerung. Die heidnischen Tempel sind durch die Politik seiner Vorgänger schon in einem erheblichen Maße zerstört oder umfunktioniert. Pagane Praktiken werden zwar noch vielfach betrieben, jedoch kaum mehr in der Öffentlichkeit. Einen Großteil der noch existierenden Heiden erreicht Julian mit seinen eher intellektuell begründeten Maßnahmen nicht. Die Landbevölkerung in den westlichen Provinzen, die sich mit dem Christentum sehr schwer tut, wird durch Julians Politik nicht gewonnen. Sie spricht allerdings einen Teil der sozialen Elite an: Einige Angehörige der weströmischen Senatsaristokratie vertreten ähnliche Auffassungen, wie wir im folgenden Abschnitt sehen werden.

2.5 Die Kontroversen mit der römischen Senatsaristokratie gegen Ende des 4. Jahrhunderts

Streit um den Victoriaaltar   Im Jahre 382 ordnet Kaiser Gratian wohl unter dem Einfluss des Mailänder Bischofs Ambrosius wiederum an, die Statue der Victoria aus dem Sitzungssaal des Senats zu entfernen. Zudem entscheidet er, dass die heidnischen Priester, darunter die Vestalinnen, keine staatlichen Zuwendungen mehr erhalten sollen. Der Senat entsendet daraufhin eine Delegation, die den Kaiser motivieren soll, die Anordnungen rückgängig zu machen. Gratian empfängt sie auf Betreiben christlicher Senatoren, die von Ambrosius wie vom römischen Bischof Damasus unterstützt werden, jedoch nicht. Zwei Jahre später unternimmt der Senat einen erneuten Vorstoß. Kaiser Gratian ist inzwischen durch einen Usurpator in Gallien getötet worden. Der neue

Kaiser Valentinian II. ist noch jung und steht unter dem Einfluss seiner Mutter, die selbst den Arianern nahe steht, so dass Ambrosius, der selbst Anhänger des Nizänums ist, hier wenig Chancen sieht, Gehör zu finden.

Der Senat schickt wiederum eine Gesandtschaft, diesmal unter Führung des Stadtpräfekten Symmachus. Dieser verfasst eine Schrift an den Kaiser, die sogenannte dritte Relatio, die einen trefflichen Einblick in die Vorstellungen und Haltungen der paganen römischen Senatsaristokratie bietet. Symmachus wendet sich nicht allein in erster Person an den Kaiser, sondern lässt auch die Göttin Roma sprechen:

Dritte Relatio des Symmachus

> ‚Beste Herrscher, Väter des Vaterlandes, habt Ehrfurcht vor meinem Alter, in das mich die fromme Pflichterfüllung gelangen ließ! Lasst mich bei den vorväterlichen Bräuchen bleiben, denn ich bereue sie nicht. Lasst mich nach meiner eigenen Art leben, weil ich frei bin. Diese Art der Götterverehrung hat den Erdkreis meinem Gesetz unterworfen, diese Opfer haben Hannibal von meinen Mauern und die Senonen vom Kapitol zurückgeschlagen. Bin ich dazu errettet worden, um im hohen Alter getadelt zu werden? Ich werde sehen, wie beschaffen das ist, was man einführen zu müssen meint, aber die Besserung des Alters kommt zu spät und ist schmachvoll.' Deshalb bitten wir um Frieden für die Götter der Väter und für die Götter unserer Heimat. Es ist recht, dass das, was alle verehren, als eines (*unum*) angesehen wird. Wir sehen die gleichen Sterne, der Himmel ist uns allen gemeinsam, das gleiche Weltall schließt uns ein. Warum kommt es darauf an, nach welcher Lehre ein jeder die Wahrheit sucht? Man kann nicht nur auf einem einzigen Weg zu einem so hohen Geheimnis finden. Aber das ist eine Erörterung müßiger Leute. Wir wollen jetzt nicht mit Streitfragen, sondern mit Bitten zu euch kommen. (Symmachus, *Relatio* III 9 f.)

Symmachus knüpft an die traditionelle Überzeugung an, dass Größe und Wohl des römischen Reiches auf die paganen Götter zurückzuführen seien. Deren Verehrung gilt als erforderlich, um ihr Wohlwollen zu erhalten. Gleichwohl drängt sich der Eindruck auf, dass Symmachus zu den herkömmlichen paganen Kulten keinen lebendigen Bezug hat: Er verknüpft in synkretistischer Manier römisches Gedankengut und Vorstellungen aus dem Bereich der Erlösungsreligionen wie auch der neuplatonischen Philosophie und sucht daraus eine Einheit zu bilden, die freilich hochinteressant ist, aber indifferent und damit unkonkret bleibt. Derartige Bestrebungen lassen sich auch in anderen zeitgenössischen Texten paganer Autoren nachweisen.

Die Positionen des Symmachus werden von Ambrosius in drei Briefen, die er an den Kaiser richtet, aufs heftigste attackiert. Er verspottet geradezu die herkömmliche Ansicht, die heidnischen Götter seien für die Größe Roms verantwortlich. Was die Errettung des Kapitols nach dem Einfall der Kelten in die Stadt angeht, die Symmachus anspricht, bemerkt Ambrosius, dass es doch das Schnattern einer Gans gewesen sei, das dieses vermocht habe. Oder habe Jupiter etwa durch eine Gans gesprochen (*Epistula* 18,5)? Ambrosius vertritt die Auffassung, dass die Größe des römischen Reiches tatsächlich dem Christengott zu verdanken sei, so dass der Vollzug der heidnischen Kulte nicht erforderlich sei, um dem römischen Reich einen Dienst zu erweisen. Ambrosius erreicht, dass der Altar der Victoria nicht wieder aufgestellt wird. Die Bittschriften des Symmachus werden abgewiesen. Spätere Gesandtschaften des Senats sind ebenso wenig erfolgreich.

Repliken des Ambrosius

2.6 Kaiser und Kirche unter Theodosius I.

Auch mit Kaiser Theodosius (379–395) gerät Ambrosius mehrfach in Konflikt. Die berühmteste und meistdiskutierte Auseinandersetzung zwischen den beiden ist die folgende: Im Jahre 390 wird ein beim Volk besonders beliebter Zirkuskutscher vom gotischen Heermeister Butherich verhaftet. Die Bevölkerung fordert seine Freilassung, damit er an den kommenden Rennen im Zirkus wieder teilnehmen kann. Als Butherich dem nicht nachkommt, erschlägt das Volk ihn wie auch andere staatliche Funktionsträger. Theodosius reagiert darauf, indem er eine große Strafaktion anordnet, bei der mehrere tausend Personen ums Leben kommen. Ambrosius fordert Theodosius daraufhin auf, öffentlich Kirchenbuße zu leisten. Der Kaiser beugt sich.

Kirchenbuße des Theodosius

Diese Begebenheit ist in der Forschung intensiv erörtert worden. Haben wir es hier mit einem grundsätzlichen Konflikt von Kaiser und Kirche zu tun? Beansprucht ein Bischof die Vormachtstellung gegenüber dem weltlichen Regenten? Können wir etwa von einem Vorläufer des Ganges Heinrichs IV. nach Canossa sprechen? Bei solchen Überlegungen ist Vorsicht geboten. Zuweilen wird die These vertreten, dass Ambrosius Theodosius nicht als Kaiser zur Buße veranlasst, sondern als Christen. Ob dies dem Verständnis der Zeitgenossen entspricht, ist nicht leicht zu entscheiden. Ambrosius vertritt prinzipiell die Ansicht, dass der Kaiser in der Kirche stehe, nicht über ihr (*Imperator enim intra ecclesiam, non supra ecclesiam est* [*Contra Auxentium* 36]). Hier ist insbesondere daran gedacht, dass der Kaiser sich in Fragen des Glaubens der Kirche zu unterstellen hat. Gleichwohl zielt Ambrosius nicht auf die weltliche Macht des Kaisers, er fordert erst recht keinen Primat der Kirche in weltlichen Angelegenheiten. Es geht also nicht darum, die Kirche dem Staat überzuordnen. Ebenso wenig beabsichtigt Ambrosius, Staat und Kirche zu trennen und als eigenständige Gewalten nebeneinander zu stellen. Tatsächlich fordert er – ähnlich wie Athanasius gegenüber Constantius – lediglich den Respekt des Kaisers vor den kirchlichen Einrichtungen und dem Dogma.

Edikt Cunctos populos

Im Jahre 380 erlässt Theodosius gemeinsam mit seinen westlichen Mitkaisern Gratian und Valentinian II. das Edikt *Cunctos populos*, das im gesamten Reich allein den christlichen Glauben katholischer Provenienz zulässt:

> Alle Völker (*cunctos populos*), über die wir eine milde und maßvolle Herrschaft führen, sollen nach unserem Willen in der Religion verharren, die der göttliche Apostel Petrus (...) den Römern überliefert hat und zu der sich der Bischof Damasus ebenso wie der Bischof Petrus von Alexandrien, ein Mann von apostolischer Heiligkeit, offenkundig bekennen; wir meinen damit, dass wir apostolischer Weisung und evangelischer Lehre entsprechend an eine Gottheit des Vaters, des Sohnes und des Heiligen Geistes in gleicher Majestät und gütiger Dreifaltigkeit glauben. Allein die, die dieses Gesetz befolgen, sollen katholische Christen genannt werden dürfen. Die anderen aber, die wir für töricht und wahnsinnig halten, haben die Schmach ketzerischer Lehre zu tragen. Weiterhin dürfen ihre Versammlungsstätten nicht als Kirchen bezeichnet werden. Sie selbst aber unterliegen zuerst der göttlichen Strafe, dann aber auch der, die uns nach dem Willen Gottes zu verhängen übertragen ist. (*Codex Theodosianus* 16,1,2)

Damit werden die häretischen christlichen Lehren von Staats wegen verboten. Auch ist hiermit geklärt, welche Personen als Häretiker anzusehen sind. Zu diesem ‚Orthodoxiedekret' kommt es auf Initiative der Kaiser; er lässt es von einem Konzil bestätigen. Wie bei den früheren Kaisern steht dabei das Bestreben, einen einheitlichen Glauben im Reich zu stiften und auf diese Weise die Einheit des Imperiums zu forcieren, im Vordergrund. Die praktische Durchsetzung erweist sich jedoch als schwierig: Auch in der Folgezeit werden immer wieder Gesetze gegen verschiedenste häretische Gruppierungen erlassen.

Kaiser Theodosius geht massiver als alle bisherigen christlichen Kaiser gegen das Heidentum vor. 391 verbietet er den Besuch von Tempeln und die Darbringung von Opfern. Im Jahr darauf untersagt er jeglichen paganen Götterkult: Dies bezieht sich auf sämtliche Arten von Opfern und auch die Verehrung von Kultbildern. Er unterstützt die Bestrebungen von Bischöfen, heidnische Tempel in christliche Kirchen zu verwandeln. Im Jahre 391 kommt es in einem solchen Fall zu einem Eklat: Bischof Theophilus von Alexandrien weiht mit Erlaubnis des Kaisers einen Tempel des Weingottes Dionysos in eine christliche Kirche um. Dabei lässt er die Götterstatuen in einer Prozession durch die Stadt tragen, um sie zu verspotten. Dies löst Unruhen unter den Heiden aus. Sie besetzen das Heiligtum des Serapis und gehen tätlich gegen Christen vor. Theodosius ordnet daraufhin an, dass sämtliche Tempel in Alexandrien zerstört werden sollen.

Theodosius und sein westlicher Mitkaiser Gratian führen als erste Kaiser nicht mehr den Titel *pontifex maximus*.

Maßnahmen gegen das Heidentum

2.7 Auseinandersetzungen zwischen Christen und Heiden zu Beginn des 5. Jahrhunderts

Nicht alle Heiden, die sich an der Auseinandersetzung mit dem Christentum beteiligen, sind so konziliant wie Symmachus und beschränken sich darauf, lediglich die Duldung paganer Kulte zu fordern (vgl. oben Kap. 2.5). Nicht wenige attackieren das Christentum direkt. Insbesondere angesichts der politischen Katastrophen, die gegen Ende des 4. und zu Beginn des 5. Jahrhunderts eintreten, geschieht dies in massiver Form: 387 fällt Kaiser Valens in der Schlacht bei Adrianopel, 410 wird die Stadt Rom von den Westgoten unter König Alarich eingenommen. Insbesondere die Einnahme Roms löst unter Christen wie unter Heiden Entsetzen aus. Unter den Heiden werden massive Vorwürfe laut: Sie werfen den Christen vor, für die Missstände verantwortlich zu sein.

Vorwürfe gegen das Christentum

Unter diesem Eindruck schreibt Augustinus sein berühmtes Werk *De civitate Dei*. Er setzt sich hier mit der heidnischen Auffassung auseinander, dass es den paganen Göttern und ihrer Verehrung durch die Römer zu verdanken sei, dass das römische Reich zu seiner Größe und Dauer gelangt sei und die Christen für die aktuellen Katastrophen die Verantwortung trügen, da sie die heidnischen Kulte untersagt hätten. Sehr viel dezidierter und zugleich weniger polemisch, als es Ambrosius in seinen Repliken auf Symmachus getan hat, bemüht sich Augustinus, diese These zu widerlegen. In ähnlicher Wei-

Reaktionen des Augustinus

85

se, wie es in apologetischen Schriften des 2. und 3. Jahrhunderts geschehen ist, sucht er die paganen Götter zu falsifizieren. Er wendet sich auch gegen die Auffassung, dass die Römer durch rechtmäßiges Verhalten ihre Herrschaft erlangt hätten, indem er deutlich zu machen sucht, dass sie tatsächlich eher verbrecherisch gehandelt hätten.

Trotz derartiger Kontroversen aber sind erhebliche Gemeinsamkeiten in den christlichen und den heidnischen Positionen zum römischen Reich zu erkennen. Wir werden uns im folgenden Abschnitt näher damit beschäftigen.

2.8 Haltungen von Christen zum Staat

Die meisten spätantiken Christen stehen dem Staat positiv gegenüber. Die Bedenken, die in vorkonstantinischer Zeit vereinzelt geäußert wurden, finden sich nun kaum mehr. Gleichwohl wird das Thema vielfach zur Sprache gebracht.

Affirmative Positionen

Augustinus reflektiert zu Beginn des 5. Jahrhunderts, dass die Verbreitung des Christentums in weiten Zügen ohne fundamentale Auseinandersetzungen mit dem römischen Staat geschehen sei. Einen zentralen Grund dafür macht er in der Integrationsfähigkeit der Kirche aus, die Menschen verschiedener Sprache, unterschiedlicher sozialer Schichten und politischer Kulturen zu vereinen versteht, ohne dass es zu inneren Konflikten kommt, die ihrerseits den Frieden in der staatlichen Gemeinschaft bedrohen könnten. Die Kirche befördert so den irdischen Frieden und profitiert zugleich von ihm, indem sie gute Bedingungen für die eigene Ausbreitung findet. Sofern staatliche Einrichtungen Christen nicht ausdrücklich an der Verehrung ihres Gottes hindern, muss es nach Augustinus keine Probleme geben; folglich ist es seinem Verständnis nach aus christlicher Perspektive auch nicht notwendig, Institutionen des Staates in Frage zu stellen (*De civitate Dei* 19,17).

Nicht jeder vertritt die radikale Position des Donatus und wirft die kritische Frage auf, was denn der Kaiser mit der Kirche zu tun habe. Sehr viele – so etwa Optatus von Mileve in der Auseinandersetzung mit den Donatisten – erkennen explizit an, dass die Kirche im Staat ist, nicht etwa der Staat in der Kirche. Sie können sich wie in vorkonstantinischer Zeit in der Tradition des Paulus dafür aussprechen, für die Herrscher zu beten, auf dass man ein ruhiges Leben mit ihnen führen könne (1 Timotheus 2,2).

Selbst wer eine reserviertere Haltung gegenüber dem Staat einnimmt, propagiert vielfach die Auffassung, dass die Christen in ihrem irdischen Dasein auf den Gebrauch weltlicher Dinge angewiesen sind, darunter auch auf das Leben in der staatlichen Gemeinschaft.

Besonders angesichts des von Heiden immer wieder vorgebrachten Vorwurfs, das Christentum habe mit der römischen Tradition gebrochen, kann unterstrichen werden, dass in Wirklichkeit keine wesentlichen Veränderungen eingetreten sind. Dies wird gerade auch für die Organisation und Ausübung von Herrschaft, die Rechtsnormen und die Gesetze betont. Daraus wird gefolgert, dass der Nexus von Staat und Gesellschaft durch die Ausbreitung des Christentums keineswegs in Gefahr geraten sei.

Der Forderung, sich irdischer Macht zu unterstellen, wird wie in vorkonstantinischer Zeit unter Rekurs auf Paulus damit begründet, dass der Kaiser von Gott eingesetzt sei. Die Tatsache, dass sich die Kaiser nunmehr selbst als Beauftragte Gottes begreifen, verstärkt diese Haltung noch.

Werden kritische Aussagen formuliert, so geschieht das vornehmlich in dogmatischen Kontroversen. Hier wird des Öfteren bemängelt, dass der Kaiser sich in kirchliche Angelegenheiten mische beziehungsweise seine Amtsträger dazu veranlasse. Dabei handelt es sich aber in den meisten Fällen nicht um eine grundsätzliche Stellungnahme zum Verhältnis von Kaiser und Kirche. Die Kritik wird in aller Regel von Gruppierungen vorgebracht, die vom Kaiser nicht unterstützt werden. So wissen wir von Klagen der Donatisten, dass der Kaiser Waffengewalt gegen sie und ihre Kirchen anwenden lasse, dass er für die Absetzung ihrer Bischöfe sorge und Ähnliches. Auf Seiten ihrer Gegner wird dieses Vorgehen nicht nur gebilligt, sondern sogar ausdrücklich gefordert. Gerade von den Kaisern, die selbst Mitglieder der Kirche – Katechumenen oder gar getaufte Christen – sind, erwarten nicht wenige Christen, dass sie sich entschieden für die Durchsetzung des rechten Glaubens einsetzen, gegebenenfalls unter Einsatz staatlicher Gewalt.

Wie schon in vorkonstantinischer Zeit und verstärkt seit Konstantin vertreten viele Christen die Auffassung, dass Kaiser und Staat eine wichtige Rolle für das Christentum spielen. Als weiterer Aspekt kommt nun hinzu, dass den Kaisern eine entscheidende Bedeutung bei der Verbreitung des Christentums zugeschrieben wird. Allmählich bildet sich die Vorstellung von einem christlichen Kaisertum heraus (vgl. hierzu Kap. 2.2).

Gleichwohl gibt es auch andere Ansätze. Der wohl deutlichste Gegenentwurf findet sich bei Augustinus. Augustinus differenziert zwischen dem ‚Gottesstaat' (*civitas Dei*) und dem ‚irdischen Staat' (*civitas terrena*). Der irdische Staat ist seiner Ansicht nach nicht Abbild des Gottesstaates und hat zudem keine heilsgeschichtliche Bedeutung. Gleichwohl ist der irdische Staat aus christlicher Sicht nicht abzulehnen; er übernimmt wesentliche Funktionen, die auch für den Christen in seinem irdischen Dasein wichtig sind, und erweist sich, etwa indem er Frieden schafft, auch für die Kirche als nützlich. Dennoch verfolgt er keine spezifisch christlichen Zielsetzungen.

Gottesstaat und irdischer Staat: Augustinus

Verbreiteter ist jedoch im Osten wie im Westen die Vorstellung, dass das Christentum mit dem römischen Staat eng verbunden ist und beide Einheiten einander bedingen. Dem Christentum werden ähnliche Funktionen für den Staat zugeschrieben wie zuvor dem paganen Kultus. Die Verbindung von christlicher Erlösungsgeschichte und römischer Geschichte, die – wie wir gesehen haben – bereits in vorkonstantinischer Zeit herausgebildet wird, ist stark verbreitet (vgl. Teil I, Kap. 2.2.2). Besonders im 5. Jahrhundert, als der Westteil des Reiches durch die Germaneneinfälle existentiell bedroht ist, erfahren sie große Popularität. Ein Beispiel ist die Weltgeschichte (*Historiae adversum paganos*) des Spaniers Orosius, die erste Universalgeschichte, die aus christlicher Perspektive geschrieben ist und von der Sintflut bis ins Jahr 417 n. Chr. reicht. In ähnlicher Weise wie Augustinus, der ihn zu dem Werk angeregt hat, versucht Orosius dem Vorwurf der Heiden entgegenzuwirken, mit dem Christentum sei es im römischen Reich zu einem Niedergang gekommen. Ungeachtet der realen Ka-

Christliche Erlösungsgeschichte und Weltgeschichte: Orosius

tastrophen, mit denen besonders der westliche Reichsteil konfrontiert ist, konstatiert er in der Geschichte einen Fortschritt: Demnach verhält es sich nicht so, dass die Gegenwart in besonderem Maße durch Leid und Übel gekennzeichnet sei. Vielmehr sei das Übel in der Vergangenheit größer gewesen. Seit Beginn der ‚christlichen Zeiten' (*tempora christiana*) sei eine stetige Besserung auszumachen. Dabei weist er auch wieder auf den Zusammenhang zwischen der Geburt Christi und der Herrschaft des Kaisers Augustus hin, mit dem seit Melito von Sardes vielfach operiert wird (vgl. oben Teil I, Kap. 2.2.2).

Romidee

Zudem entwickeln die Christen in dieser Zeit eine ‚Romidee', welche den Vorstellungen, die die Heiden zur gleichen Zeit formulieren, nicht unähnlich ist. So propagieren beide eine *Roma-aeterna*-Konzeption, die imperiale und zivilisatorische Elemente verknüpft. Rom und das römische Reich werden dabei zunehmend zu einer abstrakten Größe, die von den realen politischen Verhältnissen abstrahiert. Die Stadt Rom wird immer weniger als politischer Mittelpunkt wahrgenommen. Konstantin hat mit Konstantinopel ein ‚neues Rom' errichtet. Die Kaiser im Westen residieren zumeist in Mailand und später in Ravenna, nicht mehr in Rom. Rom bleibt aber das wichtigste kulturelle Zentrum im Westen. Viele Besucher erleben die Stadt wie ein prächtiges Museum, das an eine große Vergangenheit erinnert. Ihre Bauwerke nehmen sie primär unter ästhetischen Gesichtspunkten wahr. Das gilt selbst für Tempel. Nur so ist es zu erklären, dass Anfang des 5. Jahrhunderts auf christliche Initiative römische Tempel restauriert oder sogar neu errichtet werden.

Bekleidung von Ämtern

Die Frage, ob Christen sich um staatliche Ämter bemühen sollen, wird auch jetzt noch besprochen. Diese Thematik gewinnt besonders im Westen an Bedeutung, was damit zu tun hat, dass nun auch in den westlichen Provinzen vermehrt Angehörige des Senatorenstandes Christen werden. Wichtig ist aber auch, dass die Mehrzahl der Senatoren hier im 4. und zu Beginn des 5. Jahrhunderts noch keine Christen sind. Damit sind auch die Träger öffentlicher Ämter großenteils noch Heiden, die pagane Traditionen zu pflegen suchen. Angesichts dessen kann es zu Spannungen zwischen christlichen und nichtchristlichen Amtsinhabern kommen.

Mehrheitlich vertreten die christlichen Autoren dennoch die Position, dass die Bekleidung eines Amtes für sich genommen kein Problem mehr darstellt. Kritische Fragen aber werden nach wie vor formuliert. Dabei denken die Betreffenden weniger an mögliche Konflikte mit Heiden, sondern fragen, ob die Wahrnehmung öffentlicher Funktionen mit der Orientierung an christlichen Normen zu vereinbaren ist. Viele äußern dazu die Ansicht, dass für die Christen nicht die äußere Lebenshaltung von vorrangiger Bedeutung sei, sondern der Glaube, der durch eine solche Betätigung nicht beeinträchtigt werde. Allerdings explizieren Kleriker zuweilen, dass ein Amt nicht unbedingt erstrebt werden solle, da es zu viel Zeit in Anspruch nehme, die besser für die Beschäftigung mit der christlichen Lehre verwendet werde. Wird aber jemandem ein Amt angetragen, so solle er es nicht ausschlagen. Augustinus äußert sich dazu in *De civitate Dei* mit Bezug auf das Bischofsamt – und zwar mit den gleichen Argumenten, die hinsichtlich der öffentlichen Ämter verwendet werden:

> So ist also das Streben nach Erkenntnis der Wahrheit, wie es zu einer lobenswerten Muße gehört, niemandem verwehrt; ein höheres Amt aber, wie es zur Leitung des Volkes erforderlich ist, darf in angemessener Weise bekleidet und ausgeübt werden, doch wäre es unangemessen, danach zu streben. (…) Legt niemand einem diese Bürde auf, so sollte man seine Muße auf die Erkundung und Betrachtung der Wahrheit verwenden; wird sie einem jedoch auferlegt, so sollte man sie (…) übernehmen. (Augustinus, *De civitate Dei* 19,19)

Diskutiert wird auch noch über die Frage, ob Christen als Soldaten dienen können. Die grundsätzlichen Bedenken, die in vorkonstantinischer Zeit gelegentlich vorgebracht wurden, begegnen nun kaum mehr. Die Synode von Arles beschließt bereits im Jahre 314, dass christliche Soldaten, die in Friedenszeiten desertieren, mit der Exkommunikation zu belegen seien. Anfang des 5. Jahrhunderts geht Kaiser Theodosius II. so weit, die Heiden vom Kriegsdienst – ebenso wie von öffentlichen Ämtern – auszuschließen:

Kriegsdienst

> Alle, die sich mit dem unheiligen Irrtum oder dem Verbrechen heidnischer Kulte beflecken, (…) sollen weder zum Kriegsdienst zugelassen noch mit der Ehre eines Magistrats oder Richters ausgezeichnet werden. (*Codex Theodosianus* 16,10,21)

Im 4. Jahrhundert finden wir gleichwohl noch Aussagen, die den Kriegsdienst explizit rechtfertigen, was darauf schließen lässt, dass diesbezüglich teilweise Zweifel bestehen. So kann etwa bemerkt werden, dass niemand glauben solle, dass ein Mensch, der Kriegsdienst leistet, Gott nicht gefällig sei. Auch ist – wie Augustinus in einer Predigt deutlich macht – nicht der Militärdienst an sich abzulehnen, sondern lediglich die ‚Schlechtigkeit‘ (*malitia*), die vielfach bei der Kriegführung auftritt (*Sermo* 302,15). Weiterhin betont er ausdrücklich, dass ein Soldat, der im Gehorsam gegen die Obrigkeit einen Menschen tötet, sich nicht des Mordes schuldig macht (*De civitate Dei* 1,26).

Bedenken äußern vor allem diejenigen, die asketische Ambitionen zeigen und eine Vervollkommnung als Christen anstreben. Sie werfen immer wieder die Frage auf, ob der Kriegsdienst dem nicht im Wege steht. Hierzu findet sich allerdings auch die Position, dass jemand, der dem Kaiser tapfer als Soldat gedient hat, ebenso ein guter Soldat Christi sein werde.

Zuweilen wird nach der Berechtigung von Kriegen gefragt. Die meisten Christen, die sich damit beschäftigen, äußern sich hier affirmativ. Sie führen vorrangig zwei Argumente an, um grundsätzlich zu begründen, dass der römische Kaiser berechtigt sei, einen Krieg zu beginnen und die Soldaten die Pflicht hätten, das Vorhaben auszuführen: Zum einen wird bemerkt, dass dies im Interesse des Friedens wie des Gemeinwesens sei; zum anderen wird daran erinnert, dass die kaiserliche Gewalt von Gott herrühre. Allerdings kann einschränkend bemerkt werden, dass der Krieg nur aus Notwendigkeit und mit dem Ziel des Friedens geführt werden solle. Gewaltsames Vorgehen hält man für gerechtfertigt, solange auch der Gegner Gewalt anwendet. Einem besiegten und gefangenen Feind aber gebührt Barmherzigkeit – so eine mehrfach belegte Überlegung. Spezifisch christliche Positionen spielen hier eine auffallend geringe Rolle. Das Argument, dass Kriege nun auch mit Missionsinteressen begründet werden können, findet sich nur selten.

3. Christentum und römische Gesellschaft

3.1 Ehe und Familie

Ehe Hinsichtlich der Haltung von Christen zur Ehe sind in der Spätantike gegenüber der Zeit des Prinzipats kaum Unterschiede zu vermerken. Die Kontroversen, die sich in dem Zusammenhang ergeben, sind die gleichen wie früher: Man diskutiert über die Wertigkeit der Ehe in Relation zur Jungfräulichkeit beziehungsweise zur Witwenschaft, über die Wiederverheiratung nach Scheidung oder Verwitwung, über die Bedingungen, unter denen eine Scheidung aus christlicher Sicht zulässig ist, sowie über Ehen zwischen Christen und Nichtchristen. Die Positionen, die hierzu vorgebracht werden, differieren nicht wesentlich von denen der vorkonstantinischen Zeit.

Wenn asketische Lebensentwürfe von vielen christlichen Autoren auch hoch geschätzt werden, so betonen Kleriker doch, dass auch die Ehe ein Gut darstelle – wenn auch ein geringeres als die beiden anderen Lebensformen (Jungfräulichkeit und Witwenschaft). So wird etwa bemerkt, dass die Jungfräulichkeit ohne die Ehe überhaupt nicht möglich sei, so dass die Virginität nicht ohne die Ehe gelobt werden könne. Auch der Ehestand sei eine Gabe Gottes und Kinder als Gottesgeschenk zu betrachten. Überdies findet sich die Auffassung, dass es gar nicht von entscheidender Bedeutung sei, welchen Familienstand ein Mann oder eine Frau für sich wählen: Bei allen drei Formen sei es möglich, Christus nachzufolgen. Gleichwohl ist zu beobachten, dass diejenigen, die sich gegen die Abwertung der Ehe aussprechen, mehr und mehr in die Defensive geraten.

Eheschließung Die Eheschließung wird seitens der Kirche auch jetzt nicht formalisiert. In der Regel wird gefordert, dass die Ehe im Einverständnis mit dem Bischof geschlossen wird. Hochzeitsfeiern sind aber vielfach durch pagane Elemente geprägt, was einige christliche Autoren heftig kritisieren. Ein Sakrament im späteren Sinne ist die Ehe nach wie vor nicht.

Scheidung Der Ehescheidung wird vonseiten der Kirche weiterhin meist nur dann stattgegeben, wenn der Partner sich des Ehebruchs schuldig gemacht hat. Männer und Frauen werden dabei gleichbehandelt. Dies scheint jedoch noch immer schwer vermittelbar. Als weiteres Problem kommt hinzu, dass sich diese Auffassung auch jetzt nicht in der kaiserlichen Gesetzgebung niederschlägt: Besteht Übereinkunft unter den Gatten, ist eine Scheidung laut Gesetz problemlos möglich. Bei einseitiger Aufkündigung der Ehe müssen dem Partner bestimmte Delikte nachgewiesen werden, die aber für Mann und Frau unterschiedlich sind. Männer können danach leichter eine Scheidung initiieren als Frauen. Immerhin haben Männer und Frauen, wenn sie sich unberechtigt scheiden lassen wollen, jetzt von Staats wegen gleiche Sanktionen zu gewärtigen. So mancher Christ verweist auf die gesetzlichen Regelungen, wenn ihm von kirchlicher Seite vorgehalten wird, gegen christliche Grundsätze zu verstoßen. Viele Bischöfe betonen angesichts dessen, dass es noch immer eine Differenz zwischen göttlichem und menschlichem Gesetz gebe.

Mischehen Die Frage, ob eine Scheidung von Ehen zwischen Christen und Heiden zulässig sein und ob derartige Verbindungen überhaupt eingegangen werden sollten, wird noch immer kontrovers diskutiert. Besonders im Westen handelt es sich um ein intensiv besprochenes Thema, was auf entsprechenden praktischen Bedarf hinweist. Auch aus epigraphischen Zeugnissen wissen wir, dass zahlreiche Christinnen mit Heiden verheiratet sind. Literarische christliche Texte machen deutlich, dass es nicht selten vorkommt, dass die Ehemänner Druck auf die Gattinnen ausüben, wenn diese sich nicht an paganen Festen beteiligen möchten.

Die Mehrzahl der Christen geht wie in der Vergangenheit eine Ehe ein. Daneben gibt es diejenigen, die sich für eine asketische Lebensform entscheiden. Deren Zahl dürfte in der Spätantike deutlich zunehmen. Auch erweitert sich das Spektrum an Formen asketischen Lebens (vgl. Kap. 1.2). Im Westen begegnen in den sozialen Oberschichten zahlreiche Asketinnen. Dabei handelt es sich um Witwen wie auch um Jungfrauen. Einige dieser Jungfrauen verbleiben in ihren Elternhäusern, wie sie es auch früher getan haben, andere entscheiden sich dafür, gemeinsam mit anderen Jungfrauen oder Witwen auf dem Lande zu leben. Sie praktizieren hier eine Lebensführung, die dem traditionellen römischen Landleben ähnelt. Daneben werden in dieser Zeit, wie wir schon gesehen haben, vermehrt Klöster gegründet, zunächst vorrangig für Männer, bald auch für Frauen. Weibliche Asketinnen aus den höheren Schichten verfügen zum Teil über erhebliche Vermögen und können damit in außerordentlichem Maße karitativ tätig werden. Zudem haben sie – wie alle anderen Christen – infolge der Anerkennung der Kirche als Körperschaft öffentlichen Rechts die Möglichkeit, der Kirche Mittel zukommen zu lassen, was auch in großem Umfang geschieht.

Asketische Lebensformen

Zur Familie finden sich in der Spätantike wie schon in den ersten drei Jahrhunderten weniger Aussagen als zur Ehe. Wir haben Hinweise darauf, dass die Majorität der Christen stark auf die Familie bezogen ist und den Wunsch hat, in einer Familie zu leben und deren Erwartungen zu entsprechen. Für viele, die ein asketisches Leben führen wollen, stellt dies ein Problem dar. Sie stoßen auf Vorbehalte in ihrer Familie, wenn sie sich für die Askese entscheiden und sich damit von ihrer Familie und deren Wertvorstellungen distanzieren. Besonders ausgeprägt ist dies dann, wenn sie das einzige Kind ihrer Eltern sind. Daneben hören wir von Konflikten unter Ehepartnern, wenn sich die Frau dafür ausspricht, die Tochter zur Jungfrau weihen zu lassen, und der Mann – gleichwohl oft selbst Christ – sich dagegen wendet.

Familie

Die meisten Christen vertreten – soweit es sich auf der Basis der Quellen beurteilen lässt – die Auffassung, dass Kinder ihre Eltern zu ehren hätten. Dabei argumentieren sie nicht nur mit dem Dekalog, sondern auch mit römischer Tradition. Kinder schulden den Eltern Gehorsam und haben sie im Alter zu unterstützen. Hierzu werden christliche wie nichtchristliche Gründe angeführt. Allerdings wird auch in Kontexten, in denen familiäre Bindungen hochgeschätzt und Christen aufgefordert werden, diese zu pflegen, angemahnt, das nicht zu intensiv zu tun, das heißt, sich nicht zu sehr zu binden und sich damit vereinnahmen zu lassen. Im Zweifelsfall müsse die Liebe zu Gott der Liebe zur Familie voranstehen.

Problematisch wird es da, wo jemand von seiner Familie darin beeinträchtigt wird, als Christ zu leben. Dies betrifft nicht nur Personen, die eine asketische Lebensform anstreben, sondern auch andere Christen, deren

Familienmitglieder entweder *pagani* sind oder aber Christen, die kein Verständnis für christliche Normen zeigen. Angesichts dessen wird etwa formuliert, dass das Gebot, den Vater zu ehren, dort zu enden habe, wo der leibliche Vater einen hindere, den ‚wahren Vater' zu verehren. Die *patria potestas* wird damit nicht grundsätzlich in Frage gestellt, sie sollte aber dort enden, wo sie dem Sohn oder der Tochter die freie Entscheidung bezüglich des Glaubens verwehrt – so eine unter Klerikern verbreitete Position.

> **Augustinus über den *pater familias*, der sich selbst zum Christentum bekennt**
> Diejenigen aber, die wahre Familienväter sind, wünschen und bemühen sich darum, dass alle Mitglieder ihres Haushaltes ebenso wie ihre Kinder Gott verehren und seine Gnade gewinnen. Denn auch sie sollen in das himmlische Haus gelangen, wo es nicht mehr notwendig ist, Sterblichen Anweisungen zu geben, weil es auch nicht mehr erforderlich sein wird, Unsterblichen Fürsorge zukommen zu lassen, die schon glückselig sind. Bis dahin aber haben die Väter an ihrer Autorität schwerer zu tragen als die Sklaven an ihrem Dienst. Wenn aber ein Mitglied des Hauses den häuslichen Frieden durch Ungehorsam stört, muss er durch Worte oder Schläge oder eine andere gerechte und erlaubte Strafe, so wie die Gesellschaft sie gestattet, korrigiert werden, so dass er im eigenen Interesse gebessert wird und sich auch wieder in die Harmonie der Familie, die er verlassen hat, einfügt. (Augustinus, *De civitate Dei* 19,16)

Durch Gesetz wird die *patria potestas* gegenüber der Zeit des Prinzipats weiter eingeschränkt. Die Aussetzung, Tötung oder der Verkauf von Kindern werden nunmehr verboten. Auch werden die Vermögensrechte des Vaters beschnitten. So darf er zum Beispiel Erbschaften, die seine Kinder von der Mutter erhalten, lediglich im Interesse der Kinder verwalten. Schließlich werden die Rechte des *pater familias* gegenüber den Sklaven reduziert (siehe dazu unten Kap. 3.3).

Insgesamt vertreten unsere Autoren – von Kontexten, in denen es um asketische Fragestellungen geht, einmal abgesehen – nicht die Auffassung, dass Christen sich, was die Familie betrifft, in einem permanenten Konflikt befänden. Vielmehr stellt sich die Frage, ob dem Bezug auf Christus oder dem auf die Familie der Vorrang zu geben sei, für die meisten Christen nur in Ausnahmefällen.

3.2 Wirtschaftsleben und Berufe

Christen und Berufe | Bezüglich des Wirtschaftslebens und im Hinblick auf die Haltung zu den verschiedenen Berufen sind unter den Christen gegenüber der vorkonstantinischen Zeit kaum Veränderungen auszumachen. In Bezug auf die Katechumenen werden im Normalfall keinerlei Vorgaben und Einschränkungen gemacht. Erst bei der Frage, wer zur Taufe zugelassen werden soll, kann das Thema virulent werden. Hier kommt es wie im Prinzipat vielfach vor, dass Schauspieler, Prostituierte, Gladiatoren sowie Personen, die in irgendeiner Weise mit den paganen Kulten zu tun haben, von der Taufe ausgeschlossen werden (vgl. Teil I, Kap. 3.3). Die Kirche fordert die Betreffenden auf, ihre Berufe aufzugeben, bevor sie die Taufe erhalten, oder dies wenigstens nach

Empfang des Sakraments umgehend zu tun. Allerdings existiert hier keine einheitliche Praxis. Die christlichen Autoren heben dazu hervor, dass die Geringschätzung dieser Berufe – abgesehen von jenen, die den paganen Kult tangieren – kein spezifisch christliches Phänomen sei, sondern der herkömmlichen Wertung entspreche. Auch suchen sie dem Eindruck entgegenzuwirken, es gehe der Kirche darum, bestimmte Personengruppen grundsätzlich auszuschließen. Wie etwa Augustinus formuliert, wünsche sie nur diejenigen nicht in ihren Reihen, die nicht glauben wollten (*De fide et operibus* 31,33). Das wiederum schreibt man gewöhnlich denjenigen zu, die zum Zeitpunkt der Taufe noch den genannten Berufen nachgehen.

Ansonsten betonen die Kleriker wie in vorkonstantinischer Zeit, dass die Kirche im Hinblick auf die beruflichen Tätigkeiten ihrer Mitglieder keine speziellen Anforderungen stellt; im Gegenteil, sie heben hervor, dass man auf vielen Wegen zu Gott gelangen könne: Jeder solle auf dem eingeschlagenen Weg bleiben und sich auch bemühen, den Anforderungen seines Berufes zu entsprechen.

Inwieweit es in der Praxis in dem Bereich zu Problemen kommt, lässt sich nicht mit Sicherheit sagen. Es dürften zeitlich und regional große Unterschiede bestehen. Je weiter die heidnischen Kulte zurückgedrängt werden, desto weniger Handwerker geraten in das Dilemma, Gegenstände zu produzieren, die zu paganen Kultzwecken verwendet werden. Auch die Zahl der Gladiatoren geht allmählich zurück. Anders verhält es sich mit den Schauspielern. Kaiser Theodosius erlässt ein Gesetz, demgemäß Schauspieler ihren Beruf aufgeben sollen, wenn sie konvertieren. Selbst unter Kaiser Justinian findet sich noch eine ähnliche Regelung.

Im Hinblick auf den Reichtum findet sich in der Spätantike vor allem die **Reichtum** vermittelnde Position, die schon im 2. und 3. Jahrhundert sehr verbreitet war. Dies gilt zunehmend auch für den Westen, wo der Anteil der Christen in den gehobenen Schichten zunimmt und viele Bischöfe sich bemüht zeigen, speziell Angehörige des Senatorenstandes für das Christentum zu interessieren. Gleichwohl betonen die Kirchenväter auch jetzt noch, dass sich bei Reichen leicht Habgier herausbilde, die als ‚Wurzel aller Übel' (*radix omnium malorum*) eingeschätzt wird. Diese tendierten dazu, ausschließlich ihre persönlichen Belange im Blick zu haben, seien nicht zur Nächstenliebe fähig und richteten sich nicht auf Gott aus. Dabei weisen viele christliche Autoren darauf hin, dass sich die kritische Auseinandersetzung mit dem Streben nach materieller Habe nicht allein bei Christen finde, sondern dass in der paganen Welt ähnliche Vorbehalte formuliert worden seien, an welche die Christen anknüpften. Grundsätzliche Kritik am Privateigentum begegnet nur vereinzelt; am häufigsten kommt sie bei Mönchen im Osten vor. Zuweilen wird sie ebenfalls im Westen formuliert, aber ohne dass ernsthafte praktische Konsequenzen auch nur angedacht werden.

Mehrheitlich wird der private Reichtum keineswegs abgelehnt; es findet sich gar die Vorstellung, dass selbst das Gold von Gott stamme. Wird das Privateigentum kritisch gewürdigt – dies geschieht verschiedentlich in Predigten im Osten wie im Westen – so ist damit keine Veränderung in den Besitzverhältnissen intendiert, sondern es geht vor allem darum, die Vermögenden zum Almosengeben zu motivieren.

Meist betonen die Bischöfe, dass es von zwei Kriterien abhänge, ob materielle Güter aus christlicher Perspektive zum Problem gereichen: vom Erwerb und vom Gebrauch. Wichtig ist demnach, dass das Vermögen ohne Unrecht erworben wird und der Besitzer ihn nicht allein für sich selbst verwendet. Guter Gebrauch ist nach christlicher Auffassung etwa dann zu konstatieren, wenn die Güter für andere genutzt werden, insbesondere zur Unterstützung Bedürftiger. Hier kann an traditionelle energetische Praktiken angeknüpft werden. Nicht wenige vermögende Christen agieren hier ganz demonstrativ: Sie spenden in der Öffentlichkeit und geben mit besonderer Vorliebe für spektakuläre Projekte, etwa für den Bau von Kirchen. Die Haltung der Kirche hierzu ist ambivalent: Teils findet sich die Auffassung, dass solches besser sei, als wenn Christen gar nicht gäben oder in Theater und Gladiatorenspiele investierten; teils wird herausgestrichen, dass Christen in Demut und daher besser im Verborgenen geben sollten. Überdies wird bemerkt, dass Christen sich beim Geben nicht nur auf den irdischen Empfänger, sondern primär auf Gott beziehen sollten.

Probleme sehen einige Kirchenvertreter auch dort, wo Christen einen Großteil ihrer Habe oder sogar das gesamte Vermögen den Armen geben. Dabei ergeben sich zum einen Schwierigkeiten für die Betreffenden selbst: Sie müssen damit rechnen, auf Unverständnis zu stoßen oder gar Spott zu ernten, und das nicht nur seitens der Heiden, sondern auch bei den meisten Christen. Man konstatiert bei ihnen verschiedene Motive: Einige haben eine asketische Konversion vollzogen und distanzieren sich damit – mehr oder weniger entschieden – von den herkömmlichen sozialen Bezugskreisen und deren Normen; anderen geht es vorrangig darum, die Aufmerksamkeit der Gemeinde auf sich zu lenken, um ihr Prestige zu erhöhen. Welche Motivation vorliegt, scheint im Einzelfall nicht immer leicht zu bestimmen. Kritisch vermerkt wird dieses Ausmaß des Gebens zuweilen deshalb, weil es dazu führt, dass der Familie notwendige Mittel entzogen werden.

Im Zentrum christlicher Betrachtungen steht der Umgang des oder der Einzelnen mit materiellen Gütern. Gelegentlich kommen aber auch soziale Implikationen in den Blick: So kritisieren Bischöfe in Ost und West, dass (christliche wie nichtchristliche) große Landbesitzer Getreidespekulation betreiben und damit viele Menschen in Not stürzen. Zuweilen werden auch die Bestrebungen von Großgrundbesitzern, das Land von Kleinbauern in ihren Besitz zu bringen, kritisch ins Visier genommen. Wir wissen von vielen Bischöfen, die zugunsten Armer intervenieren, welche sich Grundbesitzern oder staatlichen Amtsträgern ausgeliefert sehen.

3.3 Sklaverei

Christen und Sklaverei

Die Institution der Sklaverei wird unter Christen auch in der Spätantike im Normalfall nicht in Frage gestellt. Bischöfe und Presbyter, welche in Predigten Sklaverei kritisieren, wenden sich besonders gegen die schlechte Behandlung von Sklaven. Sie fordern christliche Herren auf, Sklaven und Sklavinnen als Brüder und Schwestern anzusehen und damit einen ,humanen' Umgang mit ihnen zu pflegen.

Eine grundsätzliche Kritik an der Sklaverei findet sich teilweise in den Texten von Mönchen aus dem Osten des Reiches. Einige von ihnen knüpfen an die aus der paganen Philosophie bekannte Kritik an, indem sie etwa die Gleichheit aller Menschen propagieren. Die meisten leiten daraus aber nicht die Forderung nach Freilassung sämtlicher Sklaven ab. Viele propagieren jedoch die Flucht, besonders wenn es sich um ungläubige oder ungerechte Herren handelt.

Daneben stoßen wir auf das Phänomen, dass sich christliche Autoren gegen die Sklavenflucht wenden, auf die wir im 4. Jahrhundert etliche Hinweise haben. So hält es beispielsweise Ambrosius für angemessen, Sklaven ein Eigentumszeichen einzubrennen, um sie an der Flucht zu hindern (*De obitu Valentiniani consolatio* 58). Beklagt wird auch unter Christen, dass entflohene Sklaven oft betteln.

Viele Christen sind in gleicher Weise wie Nichtchristen selbst in dieser Zeit noch der Ansicht, dass Sklaven oft unzuverlässig und faul seien. Einige führen das auf deren natürliches Wesen zurück, andere reflektieren zumindest, dass solches Verhalten auch mit den Lebensumständen zahlreicher Sklaven zusammenhängt.

Ähnlich wie in den ersten drei Jahrhunderten bemerken Christen auch jetzt, dass die christliche Religion eine Erlösung nicht im Diesseits, sondern im Jenseits in Aussicht stellt. Zudem wird immer wieder formuliert, dass die irdischen Vorstellungen von Freiheit und Unfreiheit sich nicht mit den christlichen decken. Augustinus etwa weist darauf hin, dass Sklaven nicht Christen geworden seien, um angesichts ihres Sklavendienstes zu zürnen, da Gott nicht aus Sklaven Freie, sondern aus schlechten Sklaven gute gemacht habe (*Enarrationes in psalmos* 124,7).

Durch die staatliche Gesetzgebung wird die Lage von Sklaven geringfügig verbessert. So legt Konstantin fest, dass Sklavenfamilien auf kaiserlichen Gütern nicht getrennt werden dürfen, wenn das Land geteilt wird. Die absichtliche Tötung eines Sklaven soll wie die eines Freien oder eines Freigelassenen als Mord geahndet werden. Auch der Herr hat nicht mehr das Recht, einen Sklaven zu töten. Misshandlungen seitens des Herrn wie die Brandmarkung im Gesicht werden gleichfalls per Gesetz verboten. Weiterhin wird unter Konstantin gesetzlich bestimmt, dass die Freilassung auch vor Klerikern möglich sein solle (*manumissio in ecclesia*). Überdies wird die Freilassung von Sklaven nach dem Tode des Herrn auch ohne entsprechende testamentarische Verfügung möglich gemacht, wenn der Herr auf dem Sterbebett in Anwesenheit eines Klerikers einen solchen Wunsch geäußert hat. *(Gesetzgebung zur Sklaverei)*

Die Zahl der Freilassungen von Sklaven nimmt im 4. Jahrhundert zu. Inwieweit das auf kirchlichen Einfluss und spezifisch christliche Motivation zurückzuführen ist, lässt sich nicht leicht entscheiden, denn auch heidnische Herren lassen in zunehmendem Umfang Sklaven frei. Dies gilt besonders für den ländlichen Bereich: Viele Großgrundbesitzer parzellieren ihr Land aus ökonomischen Gründen und lassen es von Kolonen, die persönlich frei sind, statt von Sklaven bearbeiten. *(Freilassung von Sklaven)*

Im Übrigen scheint die Freilassung wohl nicht allen Sklaven erstrebenswert. So hören wir, dass einige der Sklaven Melanias der Jüngeren, die sich einem asketischen Leben zuwendet und daher ihre Sklaven freilassen möchte, die Befreiung ablehnen. Die Sklaverei kann ein gewisses Maß an Schutz bieten, den so mancher Freie nicht hat. Besonders wenn sie keinen Beruf erlernt haben, haben die Freigelassenen nicht selten erhebliche Probleme, ihren Lebensunterhalt zu bestreiten.

Sklaven als Funktionsträger in Gemeinden? Die Chancen, in der Gemeinde Funktionen zu übernehmen, sind für Sklaven gering. Um keine Probleme mit Besitzansprüchen der Herren zu bekommen, fordern die Gemeinden in der Regel vorab die Freilassung. In den höheren Klerus aufzusteigen, ist für Sklaven in der Spätantike kaum mehr möglich. Eine Ausnahme stellen lediglich die Eigenkirchen dar, die vermögende Christen auf ihren Ländereien errichten. Sie nehmen nicht ungern eigene Sklaven oder Freigelassene; auch Kolonen fungieren hier als Kleriker.

3.4 Das Verhältnis von Christen zur paganen Religion

Festhalten an paganen Praktiken Viele Männer und Frauen betreiben auch nach ihrer Hinwendung zum Christentum und sogar nach der Taufe verschiedenste pagane Praktiken. Die Kirche sieht hierin ein außerordentlich großes Problem. Auf zahlreichen Synoden werden derartige Verhaltensweisen verurteilt und disziplinarische Maßnahmen für Personen festgeschrieben, die entsprechend fehlen. Die Wirkung solcher Schritte, die von der öffentlichen Buße bis zum Ausschluss aus der Gemeinde reichen, sind gering. Als praktikabelste Maßnahme schätzen viele Kirchenvertreter die Verweigerung der Taufe ein. Dabei ist nicht so sehr daran gedacht, die Betreffenden zur Verhaltensänderung zu veranlassen, als die Kirche vor ihnen zu schützen. Nicht wenige Bischöfe bemängeln das Verhalten ihrer Gemeindemitglieder in den Predigten, andere zeigen Verständnis und bemühen sich um Kompromisse, wo immer dies möglich scheint.

Ein nicht geringer Teil der Christen wendet sich noch immer an pagane Gottheiten. Dies lässt sich bei allen ‚fleischlichen' Bedürfnissen beobachten: So richten sie sich etwa an heidnische Götter, um diese um Nahrung zu bitten. Das Phänomen, dass man sich in Alltagsangelegenheiten eher paganen Göttern zuwendet, führen die christlichen Autoren nicht darauf zurück, dass die Betreffenden den christlichen Monotheismus nicht verstanden hätten, sondern dass sie die Auffassung verträten, der Christengott sei für irdische Belange nicht zuständig. Der Umgang mit dieser Haltung ist für die Kleriker nicht einfach, zumal sie tatsächlich immer wieder mahnen, Gott solle nicht um profane Güter gebeten werden. Sie verweisen nun darauf, dass Gott nicht nur die Seele, sondern auch das Fleisch erschaffen habe und somit für beide Bereiche der richtige Bezugspartner sei.

Einen wesentlichen Grund für die geringe Distanz zu heidnischen Kultpraktiken sehen viele Kleriker darin, dass zahlreiche Gemeindemitglieder aus paganen Familien stammen. So führt Gregor von Elvira aus, die Kirche sei „geschwärzt" durch diejenigen, die ihrerseits noch „vom hässlichen Rauch der *idololatria* und vom Scheiterhaufen der Opfer geschwärzt" seien (*Tractatus in cantica* 24). Dies betrifft aber nicht allein Männer und Frauen, die sich nur sehr oberflächlich mit der christlichen Religion beschäftigt haben, sondern gilt auch für solche, die den Monotheismus erfasst haben und ausdrücklich bereit sind, nur den einen Gott zu verehren.

Große Schwierigkeiten bestehen überdies darin, den Katechumenen zu vermitteln, was überhaupt unter *idololatria* zu verstehen ist. Ein Problem stellt sich für die Kleriker dadurch, dass sich in der Heiligen Schrift keine genaue Auflistung sämtlicher Formen von Aberglauben findet. Nicht wenige Christen sind unsicher, was sie unbedenklich tun können und was schon als Götzendienst gilt. Ein wichtiges Thema ist hier der Eid, mit dem man im politischen wie im wirtschaftlichen Leben vielfach zu tun hat. Dabei geht es besonders um die Frage, wie sich Christen *pagani* gegenüber verhalten sollten, die ihnen einen Eid leisten. Augustinus, der um Rat gefragt wird, wie ein Christ reagieren solle, wenn ein *paganus* ihm einen Eid schwört, plädiert für eine libertine Haltung: Der Christ brauche keine grundsätzlichen Bedenken zu haben; er müsse lediglich darauf achten, ob der Heide wahrheitsgemäß schwöre und keinen Meineid leiste (*Epistula* 47,2). Der Christ braucht also keine spezifisch christlichen Maßstäbe anzulegen, sondern kann sich ebenso verhalten, wie es ein Heide in seiner Lage täte. Umstritten ist, ob Christen selbst schwören dürfen. Einige Kleriker vertreten die Auffassung, dass Christen dies nicht tun sollten, andere gestehen es ihnen zu. Augustinus etwa formuliert, dass schwer sündige, wer falsch schwöre; wer aber wahrhaft schwöre, sündige nicht (*Sermo* 180,4). | Umgang mit dem Eid

Beliebt, auch bei Christen, ist das Tragen von Amuletten, denen Heiden wie Christen eine apotropäische Wirkung zuschreiben. Sie werden etwa verwendet, um sich vor Dämonen zu schützen. Viele Bischöfe zeigen grundsätzlich Verständnis dafür; sie werten es bereits als Erfolg, wenn anstelle herkömmlicher Amulette oder Zauberstreifen christliche Symbole wie das Evangelienbuch verwendet werden. Dies kann ihrer Einschätzung nach etwa bei Kopfschmerzen geschehen; allerdings sollte dabei zwischen ‚Heilmitteln‘ und ‚Zaubermitteln‘ unterschieden werden. | Amulette

Der Glaube an die Existenz von Dämonen ist selbst unter Bischöfen, Presbytern und Diakonen sehr verbreitet. Deshalb wird daran kaum grundsätzliche Kritik geübt. Schwierigkeiten sehen einige Kirchenvertreter da, wo Dämonen von Christen mit paganen Gottheiten gleichgesetzt und kultisch verehrt werden. Insofern bemühen sie sich, die Unterschiede zum heidnischen Verständnis hervorzuheben. Dazu wird etwa bemerkt, dass Christen Dämonen und auch andere Typen von Vermittlern zwischen Gott und den Menschen durchaus annehmen dürfen, dass sie diese aber nicht als Götter betrachten und entsprechend nicht verehren sollen. Weiterhin wird empfohlen, zwischen ‚heiligen Engeln‘, die sich auf Gott bezögen und die Christen auf ihrem Weg zu Gott unterstützten, und paganen Gottheiten, auf die all das nicht zutreffe, zu unterscheiden. | Dämonen

Auf nicht geringes Interesse stößt wie unter Heiden auch bei Christen die Astrologie. Das gesetzliche Verbot durch Kaiser Theodosius I. scheint daran wenig zu ändern. Ebenso wie viele *pagani* sind Christen bestrebt, Informationen über ihre persönliche Zukunft zu erhalten. Im Besonderen wünschen sie sich Auskunft über günstige Termine beispielsweise für die Aussaat, eine längere Reise oder eine Eheschließung. Aus kirchlicher Sicht ist nicht so | Astrologie sehr bedenklich, dass sie derartige Bedürfnisse haben, als dass sie sich zu dem Zweck an pagane Astrologen wenden. Um ihre Gemeindemitglieder zu überzeugen, davon abzulassen, bemerken einige Kleriker, dass Astrologen vielfach falsche Auskünfte geben. Dies begründen sie damit, dass die Astrologen ihr Wissen von Dämonen bezögen, welche sie entweder täuschten oder selbst nur unzureichend informiert seien. Die heiligen Engel und die Propheten hätten demgegenüber – so etwa Augustinus – sehr viel größere divinatorische Fähigkeiten, da sie in unmittelbarem Kontakt zu Gott stünden, dem als Einzigem die Zukunft wirklich bekannt sei.

Haltung zur Sonne   Viele Christen scheinen zu wissen, dass es aus christlicher Sicht nicht haltbar ist, Sonne und Mond als Gottheiten zu betrachten. Das hält sie aber nicht unbedingt davon ab, diese als Teile oder Erscheinungsformen des einen Gottes aufzufassen. Ein solches Missverständnis wird nicht zuletzt dadurch gefördert, dass Christus auch seitens der Kirche mit der Sonne in Zusammenhang gebracht werden kann. So wird die Sonne von Klerikern zuweilen als ‚Sonne der Gerechtigkeit' (*sol iustitiae*) bezeichnet und mit der Wahrheit und Christus verknüpft. Manche Christen meinen, sie dienten dem Schöpfer, wenn sie die Gestirne verehren. Andere beten zwar die Sonne nicht an, wenden sich ihr aber beim Gebet zu.

Wunder   Wunder beziehungsweise Wunderberichte spielen bei der Hinwendung zum Christentum eine entscheidende Rolle. Die Diakone, welche die Katechumenen oder Taufbewerber unterweisen sollen, legen einen besonderen Schwerpunkt auf Wunderberichte, weil sie gerade für ‚Anfänger' als eingängig gelten. Eine Schwierigkeit ergibt sich dabei, deutlich zu machen, welches die Spezifika christlicher Wunder sind und worin sie sich von heidnischen unterscheiden. Dies gilt insbesondere für Wunder, die von Menschen vollbracht werden. Christliche Autoren empfehlen, darauf zu achten, wie sich die Wundertäter präsentieren: Sie sollten sich an christlichen Normen orientieren, andere zu selbigem motivieren und ihre Wunderkräfte von Gott herleiten. Pagane Wundertäter tendieren – so die Beobachtung von Christen – dazu, die entsprechenden Fähigkeiten der eigenen Person zuzuschreiben. Dass christliche und pagane Wunder in der Sache nur schwer zu differenzieren sind, wird aus christlicher Sicht aber nicht zwangsläufig als Problem wahrgenommen: Dieser Umstand kann es beispielsweise nach Ansicht Augustins sogar erleichtern, christliche Wunder als attraktive *spectacula* und als überzeugende Alternativen zu heidnischen zu verstehen, was es einigen Christen eher ermöglicht, auf letztere zu verzichten.

Opfer   Zahlreiche Christen tun sich schwer, sich von der Opferpraxis zu distanzieren. Das bedeutet nicht unbedingt, dass sie an paganen Opfern teilhaben, sondern dass sie die Auffassung vertreten, auch dem Christengott in paganer Manier opfern zu dürfen. In Reaktion darauf wird von Bischöfen vielfach expliziert, dass dem Christengott durchaus Opfer dargebracht werden dürften; allerdings müsse es sich dabei um geistige handeln, fleischliche Opfer seien inakzeptabel. Wer letztgenannte vollzieht, opfere tatsächlich nicht Gott, sondern Dämonen. Geistige Opfer sind beispielsweise Gebete, Gelübde, Enthaltsamkeit oder auch die Taufe, die als eine neue Form des Erstlingsopfers bezeichnet werden kann.

Um zu begründen, warum fleischliche Opfer unpassend sind, führt etwa

Hieronymus an, dass Gott vorrangig daran gelegen sei, die Menschen zum Glauben zu veranlassen. Ließe er die herkömmlichen Opfer zu, so entstünde leicht der Eindruck, er sei bereits damit zufrieden und stelle keine weiteren Anforderungen (*Commentariorum in Esaiam* 1,1,11). Außerdem wird betont, dass Gott unkörperlich sei, daher im Unterschied zu paganen Gottheiten keines Tempel als Wohnstatt bedürfe und aus dem gleichen Grunde unkörperliche Opfer wünsche. Besonders schwierig ist für viele Christen zu verstehen, dass der Christengott keine Gaben benötigt und auch nicht durch Gaben veranlasst werden kann, dem Geber Unterstützung zukommen zu lassen. Wenn er etwas gewährt, tut er das allein aus Gnade. Dies bedeutet, dass man mit ihm nicht wie mit den paganen Göttern im Sinne des Do-ut-des-Prinzips agieren kann.

Im Hinblick auf Feste finden sich bei den Kirchenvätern der Spätantike besonders zu zwei Themenbereichen zahlreiche Stellungnahmen: zur Teilnahme von Christen an paganen Festen und zum Phänomen, dass christliche Feste pagane Elemente aufweisen. Feste

Ein paganes Fest, an dem zahlreiche Christen partizipieren, ist das Neujahrsfest, das an den Kalenden des Januar gefeiert wird. Besonders verbreitet ist dies unter Personen, die in einem pagan geprägten Umfeld leben, speziell denjenigen, die mit einem Anhänger oder einer Anhängerin heidnischer Kulte verheiratet sind. Bischöfe bemängeln, dass Christen sich zuweilen in so großer Zahl an derartigen Festivitäten beteiligen, dass an den entsprechenden Tagen die Kirchen nahezu verwaist sind. Dies geschieht sogar dann, wenn am gleichen Tag ein christliches Fest begangen wird. Eine theologische Auseinandersetzung mit diesem Phänomen scheint wenig erfolgversprechend. Stattdessen versuchen Bischöfe, die Mitglieder ihrer Gemeinden zu überzeugen, dass die christlichen Feste gleichermaßen attraktiv seien. Daneben kritisieren sie, dass die Teilnahme von Christen an paganen Festen sich als Hindernis bei der Missionierung der Heiden erweisen könne, die wahrnehmen, dass Christen ihren eigenen Ansprüchen nicht genügen, und dies als Argument verwenden, sich selbst weiterhin von der Kirche fernzuhalten. Eine mögliche Lösung, welche Kirchenvertreter für die Problematik vorschlagen, besteht darin, die heidnisch-religiöse Konnotation derartiger Feste gezielt zu verschweigen, so dass sie allmählich in Vergessenheit gerät.

Der zweite Problemkomplex ist die Ausgestaltung christlicher Feste. Besonders intensiv werden hier Märtyrergedenktage thematisiert. Dabei geht es nicht darum, derartige Gedenkfeiern grundsätzlich in Frage zu stellen; erörtert wird aber, wie sie begangen werden sollten. Unumstritten sind die offiziellen Feiern, welche die Gemeinden am Todestag eines Märtyrers, der bei ihnen begraben ist, veranstalten: Sie zelebrieren eine Eucharistie am Grab, gedenken in Gebeten des Martyriums und bitten den Märtyrer um Fürsprache bei Gott. Falls vorhanden, wird die Leidensgeschichte (*passio*) des Betreffenden verlesen. Anders verhält es sich mit privaten Festivitäten: Viele Gläubige schmücken das Märtyrergrab mit Blumen, stellen Kerzen und Öllampen auf, gießen Öle über das Grab und feiern zuweilen ausschweifende Mähler, bei denen sie sich den Märtyrer anwesend denken. Solches findet teils unmittelbar am Grab, teils in einer nahe gelegenen Kirche statt.

Augustinus, der sich intensiv mit der Situation in Nordafrika befasst, bemerkt dazu unter anderem, dass es nicht darum gehe, den Märtyrern materielle Gaben zukommen zu lassen, sondern dass man sie besser mit Gebeten bedenken sollte (*Confessiones* 6,2). Gleichwohl räumt er ein, dass dies nur äußerst schwer durchzusetzen sei. Selbst Getaufte zeigen oft nur wenig Verständnis. Das Hauptproblem, welches Augustinus wie auch andere Bischöfe hier sehen, besteht darin, dass der Eindruck entstehen kann, die Märtyrer würden göttlich verehrt. Um dem entgegenzuwirken, aber zugleich den Bedürfnissen vieler Christen zu entsprechen, kann vorgeschlagen werden, zwischen ,ehren' und ,verehren' zu differenzieren. Ersteres ist im Hinblick auf Märtyrer möglich, Letzteres muss Gott vorbehalten bleiben.

Ansonsten ist es vorstellbar, Formen heidnischer Feste zu übernehmen, sich aber von deren Inhalten zu distanzieren. Dies scheint manchen Bischöfen als geeigneter Weg, Menschen, die pagan geprägt sind, für das Christentum zu gewinnen. Allerdings werden durchaus Zweifel geäußert, ob die inhaltliche Umorientierung gelingt.

Totengedenken   Für die meisten Christen ist es selbstverständlich, um einen Toten in der Familie zu trauern. Dies wird von christlichen Autoren teils kritisiert, etwa mit dem Argument, dass man sich doch eigentlich freuen müsse, da der Tote ja genommen wurde, weil seine Seele Gott wohlgefällig gewesen sei und der Betreffende nun nicht mehr Gefahr laufe zu sündigen. Das ewige Leben sei höher zu schätzen als das irdische. Zudem sei die Erlösung der Menschen nur durch den Tod Christi möglich geworden.

Die meisten Bischöfe folgern daraus jedoch nicht, dass auf Trauer ganz verzichtet zu werden braucht. Sie verleihen aber der Hoffnung Ausdruck, dass diese Überlegungen helfen, die Trauer möglichst rasch zu überwinden. Sie räumen auch ein, dass die Sehnsucht nach dem Verstorbenen stärker sein kann als der Glaube – insbesondere in der ersten Zeit nach dem Ableben. Augustinus geht in einer Predigt so weit, dass das Entsetzen über den Tod nicht bloß auf Konvention beruhe, sondern gar als natürlich zu betrachten sei (*Sermo* 172,1).

Außerdem konzedieren einige Bischöfe, dass die Christen keineswegs angehalten seien, die Trauer vollständig zu überwinden. Entscheidend ist nach ihrem Verständnis vielmehr, dass Christen nicht in der Art und Weise der Heiden trauern. Dabei muss es nicht unbedingt darum gehen, dass *pagani* andere Formen der Trauer praktizieren, sondern vorrangig um den Umstand, dass sie die Hoffnung auf das ewige Leben nicht kennen. Speziell komme es für Christen darauf an, nicht nur an die Auferstehung der Seele, sondern – im Unterschied zu Heiden – auch an die des Fleisches zu glauben. Damit kann nicht zuletzt begründet werden, dass aus christlicher Sicht nicht einmal Anlass besteht, über den Verlust des Körpers zu trauern.

Auch Begräbnisfeierlichkeiten werden normalerweise nicht abgelehnt. Allerdings heben die Kleriker hervor, dass diese eher als Trost für die Lebenden aufzufassen seien, denn als Beistand für den Toten. In Fällen, in denen man aufwendige Begräbnisformen kritisiert, wird gern darauf hingewiesen, dass diese auch von paganen Dichtern und Philosophen getadelt worden seien, so dass sich die Christen in dieser Hinsicht nicht so sehr von der paganen Welt unterscheiden, wie es manchen Christen scheint.

Viele Christen wünschen, in der Nähe von Märtyrergräbern bestattet zu werden, was von Kirchenvertretern durchaus gebilligt wird, weil dies für die Seelen der Betreffenden nützlich sein könne. Gleichwohl warnen sie davor, der Örtlichkeit selbst magische Wirkung zuzuschreiben. Wichtiger ist aus ihrer Sicht, dass hier mehr gebetet wird und nicht allein der Märtyrer, sondern auch die in seiner Nähe Bestatteten in den Genuss zahlreicher Gebete kämen. Sehr verbreitet ist die Vorstellung, dass der Märtyrer als ein Mittler zwischen Gott und den Menschen fungiert, was ein Begräbnis in seiner Nähe besonders attraktiv erscheinen lässt. Auch hier leben pagane Vorstellungen weiter, die aber seitens der Kirche geduldet und zum Teil sogar gefördert werden.

Ein Problem, das sich aus der Perspektive vieler Bischöfe in dem Zusammenhang stellt, sind die Totengedenkfeiern, die von den Familien am Grab begangen werden. Dabei geht es im speziellen um die Totenmähler, die Ähnlichkeiten mit den heidnischen *Parentalia* aufweisen.

Parentalia

Die *Parentalia* werden seit republikanischer Zeit jährlich vom 13. bis zum 21. Februar (*dies parentales*) begangen. Am letzten Tag, den *feralia*, werden auf den Gräbern Brot, Wein, Salz und Kränze als Opfer niedergelegt. Man glaubt, dass die Manen der Verstorbenen an dem Mahl, das die Verwandten am Grab zelebrieren, teilnehmen und durch die Gaben versöhnt werden, so dass sie den Nachfahren auch künftig keinen Schaden zufügen.

Auf solche Praktiken haben wir zahlreiche Hinweise: Neben Erwähnungen in literarischen Quellen finden wir in mehreren römischen Katakomben Darstellungen derartiger Mähler. In der Katakombe unter der Kirche des Heiligen Sebastian an der Via Appia sind überdies Tische, Bänke, Liegen, Teller, schalenartige Vertiefungen, Trinkgefäße und Libationsröhrchen ausgemacht worden, durch die Flüssigkeiten in das Grab eingegeben wurden.

Viele Christen zeigen kein Verständnis dafür, dass hier eine Schwierigkeit besteht. Um darüber Aufklärung zu leisten, weist beispielsweise Bischof Zeno von Verona ausdrücklich darauf hin, dass Gott nicht nur diejenigen Christen missfallen, die im herkömmlichen Sinne Opfer darbringen, sondern auch jene, welche in traditioneller Manier den Totenkult pflegen. Zeno sucht zu vermitteln, dass solches Verhalten sowohl unter religiösen wie auch unter ethischen Gesichtspunkten bedenklich ist. In religiöser Hinsicht lässt sich die Unvereinbarkeit mit der christlichen Vorstellung von der Auferstehung hervorheben: Die Seelen lösen sich nicht mit den Leibern auf und bedürfen daher keiner Nahrung. Hinzu kommt, dass die Gaben, die den Verstorbenen dargebracht werden, als Opfer missverstanden werden. In moralischer Hinsicht werden vor allem die Ausmaße derartiger Mähler kritisiert. So bemerkt etwa Zeno, dass es so manchem vorrangig darum gehe, seine Gier nach leiblichen Genüssen zu befriedigen (*Sermo* 1,25,11). Augustinus beklagt den dabei üblichen Weingenuss. Er schlägt vor, lediglich einen kleinen Becher Weines mit Wasser gemischt herumzureichen. Dies geschehe zum Gedenken der Toten; es gehe um die fromme Sitte, nicht um den Genuss (*Confessiones* 6,2).

Als äußerst problematisch gilt vielen Bischöfen, dass Elemente aus dem Totenkult auf die Märtyrergedenkfeiern übertragen werden, wie es bei den oben angesprochenen privaten Märtyrerfeiern geschieht. Angesichts dessen konstatieren Kleriker, dass Christen unter dem Vorwand, Märtyrer preisen zu wollen, tatsächlich Totenmähler abhielten. Das liegt ihrem Verständnis nach besonders da nahe, wo Gelage, die vorgeblich zu Ehren von Märtyrern veranstaltet werden, an anderen Terminen als deren Todestagen stattfinden.

Den Kritikern ist freilich bewusst, dass die Mehrzahl der Christen hier ohne böse Absicht handelt, da viele gar nicht imstande sind, in dem Zusammenhang eine klare Differenzierung vorzunehmen. Dies trifft besonders dann zu, wenn ihre Verwandten in der Nähe eines Märtyrergrabes bestattet sind. Eine Lösung scheint kaum möglich. Augustinus beispielsweise vertritt die Auffassung, dass hier höchstens strenge Synodalvorschriften und Bestrafungen durch die Kirche wirken könnten. Allerdings räumt er ein, dass dies angesichts der Verbreitung des Phänomens, die er in Nordafrika beobachtet, wenig realistisch ist. Strenge wäre seiner Ansicht nach indiziert, wenn es darum ginge, das Verhalten weniger zu ahnden. Angesichts des realen Ausmaßes müsse sich die Kirche auf mahnende Worte und vorbildliches Verhalten der Kleriker beschränken (*Epistula* 22). Erforderlich scheint den meisten Kirchenvertretern, derartige Mähler aus den Kirchen zu verbannen; außerhalb aber bleiben sie meist geduldet.

3.5 Theater, Spiele, Tanz und Musik

Theater und Spiele   Die Haltung von Christen zu Theater und Spielen ist auch in der Spätantike noch ein zentrales Thema im innerchristlichen Diskurs. Das Interesse an Theateraufführungen scheint gegenüber der vorkonstantinischen Zeit nicht wesentlich abgenommen zu haben. Die *ludi scaenici* werden auch weiterhin von den Kaisern gefördert.

E
> **ludi scaenici**
> Die *ludi scaenici* (‚szenische Spiele') werden erstmals 364 v. Chr. veranstaltet, als in Rom eine Epidemie herrscht, um die Götter zu besänftigen. Anfänglich lässt man Schauspieler Tänze und Pantomimen vorführen. Später werden wie in Griechenland Theaterstücke aufgeführt. Die *ludi scaenici* entwickeln sich zu einem zentralen Bestandteil verschiedener ‚öffentlicher Spiele' (*ludi publici*), die seit republikanischer Zeit alljährlich in Rom abgehalten werden.

Augustinus berichtet, dass sich die Bevölkerung der Stadt Rom – Christen wie Heiden – selbst nach der Verwüstung der Stadt durch die Westgoten, als sie sich mit dem Untergang ihres Gemeinwesens konfrontiert sieht, nicht abhalten lässt, ins Theater zu gehen (*De civitate Dei* 1,33). In einer Predigt bemerkt er, dass die gleichen Leute, die in die Kirche strömten, auch das Theater füllten (*Sermo* 252,4).

Ebenso wie in den früheren Jahrhunderten bringen christliche Autoren religiöse und moralische Argumente gegen den Theaterbesuch vor. Daneben finden sich nun verstärkt vermittelnde Positionen. So zeigen Kleriker Verständnis dafür, dass auch Christen sich im Theater gern mit den Protagonisten der Stücke identifizieren, Sympathien mit ihnen entwickeln und sich besonders in der Tragödie zum Mitleiden animieren lassen. Ein solches Verhalten steht nicht im Widerspruch zu christlicher Ethik. Es kann lediglich insofern getadelt werden, als es sich bei dem Geschehen um bloße Fiktion handelt und die Zuschauer nicht zu konkretem Tun angeregt werden, so etwa Augustinus in seinen *Confessiones* (3,2). Dass Christen Theateraufführungen in gleicher Weise wie *pagani* als sinnlichen Genuss empfinden, wird vielfach als gegebenes Faktum akzeptiert.

Gegenstand heftiger Kritik sind gleichwohl weiterhin die mythischen Stoffe der Tragödien. Diejenigen, die um Ausgleich bemüht sind, konzentrieren sich dabei zumeist auf moralische Monita. Zum Teil bringen sie gar keine spezifisch christlichen Argumente vor, sondern knüpfen an die pagane Kritik an. Dazu können populärphilosophische, aber auch historische Begründungen angeführt werden. Augustinus erinnert etwa daran, dass es auch im republikanischen Rom zunächst Bedenken gegen das Theater gab. So habe Scipio den Bau von Theatern verhindert, weil er vorhergesehen habe, dass die Römer durch das Wohlleben, zu dem nicht zuletzt die Theater beitrügen, leicht verdorben würden (*De civitate Dei* 1,33).

Auch Circus und Amphitheater werden von Christen noch zahlreich frequentiert. Nicht wenige geben offenbar diesen Einrichtungen den Vorzug vor der Kirche. Einige Christen äußern explizit, dass sie sich schwer täten, sich von der Begeisterung für die Spiele wie auch für die Theateraufführungen zu lösen. Manche bemerken, dass es ihnen höchstens mit Gottes Hilfe gelingen könne, sich davon freizumachen.

Einige Kleriker wenden sich auch gegen Tanz und Musik. Speziell für den Gottesdienst lehnen sie die Musik aufgrund ihrer Anlehnung an pagane Praktiken ab. Daneben gibt es aber auch andere Stimmen: So macht man die Erfahrung, dass viele Katechumenen leichter Gefallen an Gottesdiensten finden, wenn diese mit Musik verbunden sind. Besonders der Gesang von Psalmen scheint auch gut geeignet, ‚Anfänger' mit der christlichen Lehre vertraut zu machen. Für die instrumentale Begleitung werden allerdings Einschränkungen gemacht, um den ästhetischen Genuss nicht so attraktiv zu gestalten, dass die Inhalte ins Hintertreffen geraten.

Tanz und Musik

Der Tanz im Gottesdienst ist selbst unter solchen Bischöfen umstritten, die sich bemühen, den Bedürfnissen auch der wenig instruierten Gemeindemitglieder zu entsprechen. Mit Hinweis auf den Tanz Davids vor der Bundeslade kann er jedoch auch grundsätzlich positiv gesehen werden. Dazu begegnet die Auffassung, dass der Tanz hoch zu schätzen sei, wenn er der Gottesfurcht entspringe. Hinzu kommt, dass ein solcher Tanz der Verehrung Gottes diene, was gleichsam zu würdigen sei. Die Tatsache, dass der Tanz mit emotionaler Erregung einhergeht, stellt unter diesen Umständen kein Hindernis dar.

Ansonsten wird reflektiert, dass die Einschätzung des Tanzes davon abhänge, wie er ausgeführt wird: Allzu heftige Bewegungen sollten vermieden werden. Männer sollten allgemein als weiblich eingeschätzte Bewegungen, insbesondere das Klatschen, unterlassen.

3.6 Haltungen zur Bildung

Der Umgang der Christen mit der antiken Bildung wird auch in der Spätantike noch intensiv diskutiert. Viele Christen scheinen einen weitgehend unbedenklichen Umgang mit den Gegenständen und Institutionen der Bildung zu pflegen. Daneben findet sich noch immer massive Kritik. Schließlich begegnen vermittelnde Positionen.

Auch im 4. und 5. Jahrhundert gibt es noch keine christlichen Schulen, so dass die Christen weiterhin auf die herkömmlichen Einrichtungen angewiesen sind, vor allem wenn sie auf die traditionelle Bildung nicht verzichten möchten. Letzteres scheint für die meisten christlichen Angehörigen der Mittel- und Oberschichten besonders in den Städten nicht vorstellbar. Hier wünschen viele Eltern, dass ihre Söhne wenn möglich alle Stufen der antiken Bildung durchlaufen, um so die Basis etwa für eine Beschäftigung im Staatsdienst zu legen, die gute Einkünfte und auch ein hohes Sozialprestige verspricht. Christen unterscheiden sich in dieser Hinsicht nicht von *pagani*.

ludus und *grammaticus*
Die Überlegungen der spätantiken Christen zu den verschiedenen Institutionen der antiken Bildung differieren nicht von denen der vorkonstantinischen Zeit. Im Hinblick auf den Elementarunterricht bemerken die Kleriker wie in der Vergangenheit, dass hier lediglich Grundfertigkeiten vermittelt würden, die unter christlichen Gesichtspunkten unbedenklich seien. Die Unterweisung beim *grammaticus* hingegen wird vielfach kritisch gewürdigt, da hier eine Auseinandersetzung mit paganen antiken Texten stattfindet, die aus religiösen wie auch moralischen Gründen abgelehnt werden kann. Dennoch sind sich auch viele Kritiker darüber im Klaren, dass nicht wenige christliche Schüler die Beschäftigung mit diesen Texten als bei weitem faszinierender erleben als den Unterricht auf der untersten Stufe.

Haltungen zur Philosophie
Die Frage, ob und zu welchem Zweck sich Christen mit antiker Philosophie beschäftigen können oder sollen, wird von christlichen Autoren vielfach erörtert. Wie in vorkonstantinischer Zeit begegnen negierende und affirmative Positionen. Im Unterschied zur früheren Phase werden nun auch im Westen oftmals zustimmende Auffassungen vertreten. Dies dürfte damit zu tun haben, dass nunmehr auch im westlichen Reichsteil zunehmend Personen, die eine höhere Bildung erfahren haben, Interesse am Christentum zeigen.

Einige Christen begreifen die Philosophie als eine geeignete Propädeutik für das Christentum. Für nützlich halten sie besonders die Beschäftigung mit protreptischen Schriften, die den Leser motivieren, nach einer unvergänglichen Weisheit zu suchen und damit vielfach auch nach Gott zu fragen.

Interessant scheint Christen speziell die Auseinandersetzung mit philosophischer Ethik. Sie machen zahlreiche Übereinstimmungen zwischen paganen ethischen Schriften, etwa den Werken Panaitios' und Ciceros, und der christlichen Lehre aus. Gemeinsamkeiten erkennen sie beispielsweise beim Streben nach einem ‚glücklichen Leben' (*vita beata*). Sie bedienen sich zudem philosophischer Terminologie, um christliche Phänomene zu bezeichnen. Letzteres lässt sich im Übrigen nicht nur bei Autoren beobachten, die explizit dazu stehen, sondern auch bei solchen, die sich eher kritisch zur Philosophie äußern. Dies ist teils darauf zurückzuführen, dass der Umgang mit Termini und Denkformen der klassischen Antike vielen gebildeten Personen so vertraut ist, dass sie sich ihrer unbemerkt bedienen. Zum Teil hat es aber auch damit zu tun, dass Christen auf philosophische Begriffe zurückgreifen, um deren vermeintliche Unterlegenheit zu beweisen. Sie intendieren, die Heiden mit deren eigenen Waffen zu schlagen.

Von den antiken Philosophenschulen wird die Akademie von spätantiken Christen am höchsten geschätzt. Grund dafür ist, dass man hier die weitreichendsten Übereinstimmungen mit der christlichen Lehre ausmacht. So bemerkt etwa Augustinus in *De civitate Dei* (8,10; 10,1 u. a.), dass die Platoniker erfasst hätten, dass Gott die Ursache des Alls sei und die menschliche Seele nur durch die Teilhabe am Lichte Gottes glückselig werden könne. Auch verständen sie es von allen Philosophen am besten, vom Sichtbaren auf Unsichtbares zu schließen, was auch nach christlicher Auffassung außerordentlich wichtig ist. Ein entscheidendes Problem sieht er jedoch darin, dass die Platoniker Gott zwar erkannt hätten und ihn auch als Gott priesen, ihn jedoch nicht angemessen verehrten. Er hält ihnen vor, sich in religiöser Hinsicht nicht von den ‚Irrtümern der Heiden‘, beispielsweise dem Dämonenkult, zu distanzieren.

Der Neuplatonismus, der sich seit dem 3. Jahrhundert herausbildet, wird seitens der Christen aber meist ungünstiger bewertet als die älteren Formen der akademischen Philosophie. Dies hat vorrangig mit der stärkeren religiösen Orientierung des Neuplatonismus, besonders den **theurgischen Praktiken**, die seine Vertreter propagieren, zu tun.

Theurgie

Theurgie meint den Versuch, auf Götter oder Dämonen einzuwirken, beispielsweise durch Magie.

E

Dabei konzedieren Christen durchaus, dass Übereinstimmungen zwischen neuplatonischer Philosophie und christlicher Lehre zu erkennen seien. Gerade dieser Umstand aber macht es ihrem Verständnis nach erforderlich, die Unterschiede prononciert herauszustreichen. Folgen wir Augustinus, so bemühen sich die neuplatonischen Philosophen in gleicher Weise um Distanz.

Q

Philosophien, die dem Christentum nahestanden

Sämtliche Philosophen, die bezüglich des höchsten und wahren Gottes feststellten, dass er Schöpfer der Welt, Licht der Erkenntnis und Ziel allen Handelns sei, dass bei ihm der Ursprung der Natur, die Wahrheit der Lehre und das Glück des Lebens zu suchen sei, mag man sie nun passend Platoniker nennen oder sie mit irgendeinem anderen Namen belegen, mögen nur die der ionischen Richtung, welche die Vornehmsten waren, so gedacht haben, also Platon selbst und diejenigen, die ihn richtig verstanden haben, oder auch die der italischen Richtung wie Pythagoras und die Pythagoreer und etwa noch andere, die der gleichen Ansicht waren, oder mögen sich auch unter den Angehörigen anderer Völker, den atlantischen Libyern, Ägyptern, Indern, Persern, Chaldäern, Skythen, Galliern oder Spaniern Weise beziehungsweise Philosophen finden, die das erkannt und vermittelt haben: All diesen geben wir gegenüber den anderen den Vorzug und konzedieren, dass sie uns näher gekommen sind. (Augustinus, *De civitate Dei* 8,9)

Einstellungen zur Rhetorik

Ähnlich kontrovers wie die Philosophie wird unter Christen die Rhetorik besprochen. Ein wesentlicher Kritikpunkt in der Auseinandersetzung mit rhetorisch ausgearbeiteten Reden besteht darin, das sich diese eher durch ihren Schmuck als durch Sachaussagen auszeichneten. Aus diesem Grunde scheinen sie vielen nicht zu den schlichten und klaren Wahrheiten der christlichen Lehre zu passen. Dabei schließen sie sich zum Teil paganen Kritikern an, die ebenfalls die Überzeugung vertreten, der Inhalt sei von größerer Bedeutung als der Redestil. Gleichwohl wünschen nicht wenige Christen der gehobenen Schichten, dass ihre Söhne eine rhetorische Unterweisung erhalten. Angesichts dessen kann die Position vertreten werden, dass dies zulässig sei, dass solches aber außerhalb der Kirche gelernt und praktiziert werden solle. Daneben findet sich aber auch die Haltung, dass christlicher Wahrheitsanspruch und rhetorisch kunstvolle Formulierungen keinesfalls zwangsläufig einen Gegensatz bildeten. Um dies zu untermauern, weisen christliche Autoren in der Tradition des Aristoteles gern darauf hin, dass die Rhetorik nicht per se gut oder schlecht sei, sondern dass sie wertneutrale Argumentationstechniken entwickle, die lediglich gut oder schlecht genutzt würden.

Viele Bischöfe bedienen sich in ihren Predigten der Figuren und Tropen der antiken Rhetorik. Einige betonen ausdrücklich, dass Predigten so gestaltet werden müssten, dass sie ihre Zuhörer ansprächen. Nach ihrem Verständnis können rhetorische Fertigkeiten gezielt zur Vermittlung der christlichen Lehre eingesetzt werden. In antiker Tradition knüpfen christlich Autoren an die Überlegung an, dass ein Redner – auch ein Bischof in der Predigt – informieren, erfreuen und motivieren (*docere, delectare, movere*) soll. Er sollte auch mit allen **drei Arten der Rede** (*genera dicendi*) sowie mit den **drei Stilen** vertraut sein und besonders Letztere adäquat einsetzen. Augustinus etwa plädiert in seiner Schrift *De doctrina christiana* ausdrücklich dafür, sich bei antiker Rhetorik und Dialektik zu bedienen, etwa um Exegese zu betreiben.

E
Drei Arten der Rede
Die drei Arten der Rede sind der antiken rhetorischen Theorie zufolge die Gerichtsrede (*genus iudiciale*), die politische Rede (*genus deliberativum*) und die Festrede (*genus demonstrativum*).

E
Drei Stilarten
Die drei Stilarten (*genera elocutionis*), welche die antike rhetorische Theorie unterscheidet, sind der schlichte Stil (*genus subtile*), der mittlere Stil (*genus medium*) und der erhabene Stil (*genus grande*). Einige Christen vertreten die Auffassung, dass nur der schlichte Stil für christliche Texte adäquat sei, andere plädieren für die Verwendung aller drei Stilarten.

III. Fazit

Das Verhältnis des antiken Christentums zu seiner sozialen Umwelt ist außerordentlich komplex. Wir haben gesehen, dass es zahlreiche Hinweise auf Distanzierungsbemühungen wie auch auf Inkulturationsbestrebungen seitens der Christen gibt.

Die christliche Religion entwickelt sich im Imperium Romanum und wird vielfältig durch dieses geprägt. Wir können das beispielsweise an der Herausbildung der Organisation der Kirche beobachten. Umgekehrt beeinflusst das Christentum auch das römische Reich. Dies gilt speziell für die Spätantike, als die christliche Religion zunächst den Status einer *religio licita* ('erlaubten Religion') erhält, bald entschieden gefördert und nach einigen Jahrzehnten sogar zur alleinigen Religion im Reich erhoben wird.

Wie entwickelt sich die Relation von Antike und Christentum im Verlauf der Antike? Was verändert sich in der Spätantike gegenüber den ersten drei Jahrhunderten und wo sind Kontinuitäten auszumachen? Wir haben diese Fragen an vielen Einzelphänomen betrachtet und wollen die Ergebnisse nun noch einmal kurz zusammenfassen.

Beginnen wir mit den Veränderungen: Hier ist zunächst der starke Zulauf zu den Gemeinden zu nennen, der im Verlauf des 4. Jahrhunderts eintritt. Im Unterschied zur vorkonstantinischen Zeit werden nun auch nicht wenige Menschen nur auf sozialen Druck hin Christen. Diese haben kaum Informationen über die christliche Lehre und tun sich vielfach schwer, sich von paganen Kultpraktiken zu distanzieren. Für die Kirche stellt das ein erhebliches Problem dar. Einige Christen reagieren auf diese Entwicklung, indem sie sich verstärkt um eine asketische Lebensführung bemühen und sich dazu von ihrer Gemeinde distanzieren. Diese Abwendung vieler Asketen von den Gemeinden, die zunächst das Phänomen der Anachorese hervorbringt und dann vor allem zur Gründung zahlreicher klösterlicher Gemeinschaften führt, ist als ein Novum zu betrachten.

Prinzipiell neu ist weiterhin, dass sich die Kaiser nun als vom Christengott beauftragte Herrscher verstehen. Das Gottkaisertum wird damit endgültig durch das Gottesgnadentum abgelöst. Die Kaiser werden schließlich selbst Christen, was zu neuartigen Erwartungen an sie führt. So wird Rechtgläubigkeit zu einem entscheidenden Kriterium für die Bewertung eines Kaisers. Durch die kaiserliche Politik werden die paganen Kulte zunehmend zurückgedrängt.

Die christliche Kirche wird nun als Körperschaft öffentlichen Rechts anerkannt. Sie kann jetzt Vermögen ansammeln, das in Form von Spenden und Erbschaften von den Gemeindemitgliedern herrührt oder auch auf die Förderung seitens des Staates zurückgeht. Einige Gemeinden und auch Klöster werden zu großen Grundbesitzern. Christen brauchen sich nicht mehr in Privathäusern zu versammeln, sondern können Kirchenbauten errichten. Dies geschieht vermehrt inmitten der Städte, wodurch sich die Stadtbilder wesentlich verändern. Die Gemeinden, speziell die Bischöfe, übernehmen besonders im Westen des Reiches verstärkt öffentliche Aufgaben in den

Veränderungen

Städten. Hier kommt es auch zur Herausbildung des Papsttums, welches die Relation von Kirche und Staat teilweise neu definiert und auch für das Verhältnis der Kirche in Ost und West nachhaltige Konsequenzen hat.

Kontinuitäten

Daneben lassen sich aber auch zahlreiche Kontinuitäten beobachten: So wandelt sich die Einstellung der meisten Christen zum römischen Staat nicht grundlegend: Sie war auch vorher trotz gelegentlicher Verfolgungen, von wenigen Ausnahmen abgesehen, im Wesentlichen affirmativ.

Im Bereich des Staates ändert sich durch das Christentum gleichsam wenig. Die Selbstdarstellung des Kaisers wie auch seine Zuständigkeiten erfahren nur vergleichsweise geringe Veränderungen, die auf christlichen Einfluss zurückgehen. Gleiches trifft auf die kaiserliche Gesetzgebung zu.

Auch im Verhältnis der Christen zur römischen Gesellschaft kommt es zu keinem Bruch. Die Schwierigkeiten, christliche Verhaltenserwartungen mit den herkömmlichen Normen in Einklang zu bringen, sind die gleichen wie zuvor. Von einer Christianisierung sämtlicher Bereiche der Gesellschaft kann keine Rede sein: So überwiegen die Konstanten in Ehe und Familie sowie im Umgang mit dem privaten Vermögen. Letzteres gilt selbst für viele Asketen, die der sozialen Oberschicht entstammen: Sie geben zwar in großem Umfang Almosen, tun dies aber oft aus einem traditionellen Verständnis heraus, in dem die herkömmlichen Vorstellungen von Euergetismus und Patronage weiterleben. Auch in der Haltung zur Sklaverei wandelt sich wenig. Selbiges ist für den Umgang mit der antiken Bildung zu konstatieren.

Wir haben es also mit einem komplexen Befund zu tun: Im Verhältnis von Antike und Christentum sind in der Spätantike gegenüber den ersten drei Jahrhunderten neben einschneidenden Veränderungen deutliche Kontinuitäten auszumachen. Die christliche Religion präsentiert sich uns während des gesamten Zeitraumes als ein schillerndes Phänomen, das sich in einer beständigen Auseinandersetzung mit seiner Umwelt befindet. Diese wird teils explizit geführt und von den Zeitgenossen reflektiert, teils vollzieht sie sich beinahe unbemerkt. Ihre Ergebnisse sind äußerst vielschichtig.

Auswahlbibliographie

Übergreifende Literatur

Andresen, C., s. v. Antike und Christentum, in: Theologische Realenzyklopädie 3 (1978) 50–99.

Fiedrowicz, M., Christen und Heiden. Quellentexte zu ihrer Auseinandersetzung in der Antike, Darmstadt 2004.

Frend, W. H. C., Der Verlauf der Mission in der Alten Kirche bis zum 7. Jahrhundert, in: H. Frohnes/ U. W. Knorr (Hg.), Kirchengeschichte als Missionsgeschichte. Bd. 1: Die Alte Kirche, München 1974, 32–50.

Gigon, O., Die antike Kultur und das Christentum, Darmstadt ^{2}1969.

Gnilka, Ch., Chresis. Die Methode der Kirchenväter im Umgang mit der antiken Kultur. Bde. 1 und 2, Stuttgart 1984/93.

Herrmann, E., Ecclesia in re publica. Die Entwicklung der Kirche von pseudostaatlicher zu staatlich inkorporierter Existenz, Frankfurt a. M. u. a. 1980.

Johann, H.-Th. (Hg.), Erziehung und Bildung in der heidnischen und christlichen Antike, Darmstadt 1976.

Liebeschuetz, J. H. W. G., Continuity and Change in Roman Religion, Oxford ^{2}1989 (^{1}1979).

Markschies, Ch., Das antike Christentum. Frömmigkeit, Lebensformen, Institutionen, München 2006.

Martin, J./B. Quint (Hg.), Christentum und antike Gesellschaft, Darmstadt 1990.

I. Antike und Christentum – die ersten drei Jahrhunderte

Übergreifende Literatur zu Teil I

Barceló, P., Zur Begegnung, Konfrontation und Symbiose von religio Romana und Christentum, in: ders./G. Gottlieb (Hg.), Christen und Heiden in Staat und Gesellschaft des zweiten bis vierten Jahrhunderts. Gedanken und Thesen zu einem schwierigen Verhältnis, München 1992, 151–208.

Dassmann, E., Kirchengeschichte I: Ausbreitung, Leben und Lehre der Kirche in den ersten drei Jahrhunderten, Stuttgart 1991.

Guyot, P./R. Klein (Hg.), Das frühe Christentum bis zum Ende der Verfolgungen. Eine Dokumentation, Darmstadt 1997 (zuerst 1993/94).

Haehling, R. v. (Hg.), Rom und das himmlische Jerusalem. Die frühen Christen zwischen Anpassung und Ablehnung, Darmstadt 2000.

Piétri, Ch. (Hg.), Geschichte des Christentums. Bd. 1: Die Zeit des Anfangs (bis 250), Freiburg–Basel–Wien 2003 (franz. Orig. Paris 2000).

Literatur zu den einzelnen Kapiteln

1. Herausbildung des Christentums

Eck, W., Das Eindringen des Christentums in den Senatorenstand, in: Chiron 1 (1971) 381–406.

Frend, W. H. C., The Rise of Christianity, London 1984.

Harnack, A. v., Die Mission und Ausbreitung des Christentums in den ersten drei Jahrhunderten. Erster Band: Die Mission in Wort und Tat, Leipzig ^{4}1924 (^{1}1902).

Martin, J., Die Genese des Amtspriestertums in der frühen Kirche, Freiburg 1972.

Nock, A. D., Conversion, Oxford 1933.

Schöllgen, G., Ecclesia sordida? Zur Frage der sozialen Schichtung frühchristlicher Gemeinden am Beispiel Karthagos zur Zeit Tertullians, Münster 1984 (Jahrbuch für Antike und Christentum, Ergänzungsband 12).

Stark, R., The Rise of Christianity. A Sociologist Reconsiders History, Princeton/N. J. 1996.

2. Christentum und römischer Staat

Aland, K., Das Verhältnis von Staat und Kirche in der Frühzeit, in: Aufstieg und Niedergang der römischen Welt II 23,1, Berlin–New York 1979, 60–246.

Brennecke, H. Ch., An fidelis ad militiam converti possit? (Tertullian, De idolatria 19,1). Frühchristliches Bekenntnis und Militärdienst im Widerspruch?, in: D. Wyrwa (Hg.), Die Weltlichkeit des Glaubens in der Alten Kirche. Festschrift für U. Wickert zum siebzigsten Geburtstag, Berlin–New York 1997, 45–100.

Bringmann, K., Christentum und römischer Staat im ersten und zweiten Jh. n. Chr., in: Geschichte in Wissenschaft und Unterricht 29 (1978) 1–18.

Clauss, M., ‚Gebt dem Kaiser, was des Kaisers ist!' Bemerkungen zur Rolle der Christen im römischen

Heer, in: P. Kneissl/V. Losemann (Hg.), Imperium Romanum. Studien zur Geschichte und Rezeption. Festschrift für K. Christ zum 75. Geburtstag, Stuttgart 1998, 93–104.

Frend, W. H. C., Martyrdom and Persecution in the Early Church. A Study of a Conflict from the Maccabees to Donatus, Oxford 1965.

Harnack, A. v., *Militia Christi.* Die christliche Religion und der Soldatenstand in den ersten drei Jahrhunderten, ND Darmstadt 1963 (zuerst Tübingen 1905).

Klein, R. (Hg.), Das frühe Christentum im römischen Staat, Darmstadt 1971.

Molthagen, J., Der römische Staat und die Christen im zweiten und dritten Jahrhundert, Göttingen 1970.

Moreau, J., Die Christenverfolgung im römischen Reich, Berlin [2]1971 ([1]1961).

Vittinghoff, F., *Christianus sum.* Das ‚Verbrechen' von Außenseitern der römischen Gesellschaft, in: Historia 33 (1984) 331–357.

3. Christentum und römische Gesellschaft

Bailey, D. S., Mann und Frau im christlichen Denken, Stuttgart 1963 (engl. Orig. London 1959).

Biernath, A., Mißverstandene Gleichheit. Die Frau in der frühen Kirche zwischen Charisma und Amt, Stuttgart 2005.

Bigelmair, A., Die Beteiligung der Christen am öffentlichen Leben in vorconstantinischer Zeit, München 1902.

Dassmann, E., Haus II (Hausgemeinschaft), in: Reallexikon für Antike und Christentum 13 (1986) Sp. 805–905.

Dihle, A., s. v. Ethik, in: Reallexikon für Antike und Christentum 6 (1966) Sp. 646–796.

Eyben, E., Mann und Frau im frühen Christentum, in: J. Martin/R. Zoepffel (Hg.), Aufgaben, Rollen und Räume von Frau und Mann. Teilband 2, Freiburg–München 1989, 565–605.

Haehling, R. v. (Hg.), Griechische Mythologie und frühes Christentum, Darmstadt 2005.

Jaeger, W., Das frühe Christentum und die griechische Bildung, Berlin 1963.

Jensen, A., Gottes selbstbewußte Töchter. Frauenemanzipation im frühen Christentum?, Freiburg 1992.

Laub, F., Die Begegnung des frühen Christentums mit der antiken Sklaverei, Stuttgart 1982.

Ste Croix, G. E. M. de, Early Christian Attitudes to Property and Slavery, in: D. Baker (Hg.), Church, Society and Politics, Oxford 1975, 1–38.

II. Antike und Christentum – die Spätantike

Übergreifende Literatur zu Teil II

Brown, P., Die letzten Heiden. Eine kleine Geschichte der Spätantike, Berlin 1986 (engl. Orig. Cambridge/Mass. 1978).

Cameron, A., Christianity and the Rhetoric of Empire. The Development of Christian Discourse, Berkeley–Los Angeles–Oxford 1991.

Chuvin, P., Chronique des derniers païens, Paris 1990.

Colpe, C./L. Honnefelder/M. Lutz-Bachmann (Hg.), Spätantike und Christentum, Berlin 1992.

Dassmann, E., Kirchengeschichte II/1: Konstantinische Wende und spätantike Reichskirche, Stuttgart–Berlin–Köln 1996.

Dassmann, E., Kirchengeschichte II/2: Theologie und innerkirchliches Leben bis zum Ausgang der Spätantike, Stuttgart–Berlin–Köln 1999.

Dörfler-Dierken A./Kinzig, W./Vinzent, M. (Hg.), Christen und Nichtchristen in Spätantike, Neuzeit und Gegenwart. Beginn und Ende des Konstantinischen Zeitalters. Internationales Kolloquium aus Anlaß des 65. Geburtstags von Prof. Dr. Adolf Martin Ritter, Hamburg 2001.

Gottlieb, G./V. Rosenberger, Christentum und Kirche im 4. und 5. Jahrhundert, Heidelberg 2003.

Lee, A. D., Pagans and Christians in Late Antiquity. A Sourcebook, London–New York 2000.

Leppin, H., Die Kirchenväter und ihre Zeit, München 2000.

MacMullen, R., Christianity and Paganism in the Fourth to Eigth Centuries, New Haven–London 1997.

Martin, J., Spätantike und Völkerwanderung, 4., überarb. und erw. Aufl. München 2001 ([1]1987).

Momigliano, A. (Hg.), The Conflict between Paganism and Christianity in the Fourth Century, Oxford 1963.

Oort, J. van/D. Wyrwa (Hg.), Heiden und Christen im 5. Jahrhundert, Leuven 1998.

Piepenbrink, K., Christliche Identität und Assimilation in der Spätantike. Probleme des Christseins in der Reflexion der Zeitgenossen, Frankfurt a. M. 2005.

Piétri, Ch. (Hg.), Geschichte des Christentums. Bd. 2: Das Entstehen der einen Christenheit (250–430), Freiburg–Basel–Wien 1996 (franz. Orig. Paris 1995).

Piétri, Ch. (Hg.), *Roma christiana,* Rom 1976.

Trombley, F. R., Hellenic Religion and Christianization c. 370–529. Vol. I, Leiden–New York–Köln 1993.

Literatur zu den einzelnen Kapiteln

1. Das Christentum in der Spätantike

Brown, P., Aspects of the Christianization of the Roman Aristocracy, in: ders., Roman Religion and Society in the Age of Saint Augustine, London 1972, 161–182 (zuerst in: Journal of Roman Studies 51 [1961] 1–11).

Brox, N., Zur christlichen Mission in der Spätantike, in: K. Kertelge (Hg.), Mission im Neuen Testament, Freiburg–Basel–Wien 1982, 190–237.

Caspar, E., Geschichte des Papsttums. Von den Anfängen bis zur Höhe der Weltherrschaft. Bd. 1: Römische Kirche und Imperium Romanum, Tübingen 1930.

Chadwick, H./E. C. Hobbs (Hg.), The Role of the Christian Bishop in Ancient Society, Berkeley 1980.

Daut, W., Die ‚halben Christen' unter den Konvertiten und Gebildeten des 4. und 5. Jahrhunderts, in: Zeitschrift für Missionswissenschaft und Religionswissenschaft 55 (1971) 171–188.

Frank, K. S. (Hg.), Askese und Mönchtum in der Alten Kirche, Darmstadt 1975.

Frank, K. S., Grundzüge der Geschichte des christlichen Mönchtums, Darmstadt 1975.

Heussi, K., Der Ursprung des Mönchtums, Tübingen 1936.

Rapp, C., Holy Bishops in Late Antiquity. The Nature of Christian Leadership in an Age of Transition, Berkeley–Los Angeles–London 2005.

Rebenich, St., Hieronymus und sein Kreis, Stuttgart 1992.

Salzman, M. R., The Making of a Christian Aristocracy. Social and Religious Change in the Western Roman Empire, Cambridge–London 2002.

Schimmelpfennig, B., Das Papsttum. Von der Antike bis zur Renaissance, Darmstadt ⁴1996 (¹1984).

Schweizer, Ch., Hierarchie und Organisation der römischen Reichskirche in der Kaisergesetzgebung vom vierten bis zum sechsten Jahrhundert, Bern u. a. 1991.

Winkelmann, F., Die ‚Konstantinische Wende' und ihre Bedeutung für die Kirche, in: E. Mühlenberg (Hg.), Die Konstantinische Wende, Gütersloh 1998, 123–143.

2. Christentum und römischer Staat

Barnes, T. D., Christians and Pagans in the Reign of Constantius, in: F. Vittinghoff u. a. (Hg.), L'église et l'empire au IVᵉ siècle. Entretiens sur l'antiquité classique. Vol. 34, Vandoevres-Genf 1989, 301–337.

Berkhof, H., Kirche und Kaiser. Eine Untersuchung zur Entstehung der byzantinischen und der theokratischen Staatsauffassung im vierten Jahrhundert, Zollikon–Zürich 1947.

Brennecke, H. Ch., *Ecclesia est in re publica, id est in imperio Romano* (Optatus III 3). Das Christentum in der Gesellschaft an der Wende zum ‚Konstantinischen Zeitalter', in: Jahrbuch für Biblische Theologie 7 (1992) 209–239.

Fuhrmann, M., Die Romidee der Spätantike, in: Historische Zeitschrift 207 (1968) 529–561.

Girardet, K. M., Kaiser Konstantius II. als ‚Episcopus Episcoporum' und das Herrscherbild des kirchlichen Widerstandes (Ossius von Corduba und Lucifer von Calaris), in: Historia 26 (1977) 95–128.

Girardet, K. M., Die Konstantinische Wende. Voraussetzungen und geistige Grundlagen der Religionspolitik Konstantins des Großen, Darmstadt 2006.

Groß-Albenhausen, K., *Imperator christianissimus*. Der christliche Kaiser bei Ambrosius und Johannes Chrysostomus, Frankfurt/M. 1999.

Haehling, R. v., Die Religionszugehörigkeit der hohen Amtsträger des Römischen Reiches seit Constantins I. Alleinherrschaft bis zum Ende der Theodosianischen Dynastie (324–450 bzw. 455 n. Chr.), Bonn 1978.

Just, P., *Imperator et episcopus*. Zum Verhältnis von Staatsgewalt und christlicher Kirche zwischen dem 1. Konzil von Nicaea (325) und dem 1. Konzil von Konstantinopel (381), Stuttgart 2003.

Klein, R., Das politische Denken des Christentums, in: I. Fetscher/H. Münkler (Hg.), Pipers Handbuch der politischen Ideen. Bd. 1: Frühe Hochkulturen und europäische Antike, München 1988, 595–634.

Klein, R., Der Streit um den Victoriaaltar. Die dritte Relatio des Symmachus und die Briefe 17, 18 und 57 des Mailänder Bischofs Ambrosius, Darmstadt 1972.

Kolb, F., Der Bußakt von Mailand. Zum Verhältnis von Staat und Kirche in der Spätantike, in: H. Boockmann u. a. (Hg.), Geschichte und Gegenwart. Festschrift für K. D. Erdmann, Neumünster 1980, 41–74.

Leppin, H., Von Constantin dem Großen zu Theodosius II. Das christliche Kaisertum bei den Kirchenhistorikern Socrates, Sozomenus und Theodoret, Göttingen 1996.

Leppin, H., Constantius II. und das Heidentum, in: Athenaeum 87 (1999) 457–480.

Martin, J., Das Kaisertum in der Spätantike, in: F. Paschoud/J. Szidat (Hg.), Usurpationen in der Spätantike, Stuttgart 1997, 47–62.

111

Noethlichs, K.-L., Die gesetzgeberischen Maßnahmen der christlichen Kaiser des vierten Jahrhunderts gegen Häretiker, Heiden und Juden, Köln 1971.

Piepenbrink, K., Das römische Kaisertum und das Verhältnis von Kaiser und Kirche bei Athanasius von Alexandrien, in: Klio 86 (2004) 398–414.

Rosen, K., *Fides contra dissimulationem*. Ambrosius und Symmachus im Kampf um den Victoriaaltar, in: Jahrbuch für Antike und Christentum 37 (1994) 29–36.

Rosen, K., Julians Weg vom Christentum zum Heidentum, in: Jahrbuch für Antike und Christentum 40 (1997) 126–146.

Ruhbach, G. (Hg.), Die Kirche angesichts der Konstantinischen Wende, Darmstadt 1976.

Thrams, P., Christianisierung des Römerreiches und heidnischer Widerstand, Heidelberg 1992.

Wytzes, J., Der letzte Kampf des Heidentums in Rom, Leiden 1977.

3. Christentum und römische Gesellschaft

Andresen, C., Altchristliche Kritik am Tanz. Ein Ausschnitt aus dem Kampf der Alten Kirche gegen heidnische Sitte, in: H. Frohnes/U. W. Knorr (Hg.), Kirchengeschichte als Missionsgeschichte. Bd. 1: Die Alte Kirche, München 1974, 344–376.

Brown, P., Die Bedeutung der Jungfräulichkeit in der frühen Kirche, in: B. McGinn/J. Meyendorff/J. Leclercq (Hg.), Geschichte der christlichen Spiritualität. Bd. 1: Von den Anfängen bis zum 12. Jahrhundert, Würzburg 1993, 423–435 (engl. Orig. New York 1985).

Brown, P., Macht und Rhetorik in der Spätantike. Der Weg zu einem ‚christlichen Imperium', München 1995 (engl. Orig. London 1992).

Clark, G., Women in Late Antiquity. Pagan and Christian Life-Styles, Oxford 1993.

Engemann, J., Zur Verbreitung magischer Übelabwehr in der nichtchristlichen und christlichen Spätantike, in: Jahrbuch für Antike und Christentum 8 (1975) 22–48.

Evans Grubbs, J., Law and Family in Late Antiquity. The Emperor Constantine's Marriage Legislation, Oxford 1995.

Klein, R., Die Sklaverei in der Sicht der Bischöfe Ambrosius und Augustinus, Stuttgart 1988.

Krause, J.-U., Witwen und Waisen im römischen Reich. Bd. 4: Witwen und Waisen im frühen Christentum, Stuttgart 1995.

Leppin, H., Der Bischof und der Mönch. Zur Bewertung christlicher Rede in der Spätantike, in: Ch. Neumeister/W. Raeck (Hg.), Rede und Redner. Bewertung und Darstellung in den antiken Kulturen, Möhnesee 2001, 301–312.

Wallraff, M., *Christus Verus Sol*. Sonnenverehrung und Christentum in der Spätantike, Münster 2001.

Weismann, W., Kirche und Schauspiele. Die Schauspiele im Urteil der lateinischen Kirchenväter unter besonderer Berücksichtigung von Augustinus, Würzburg 1972.

Register

Studieren mit Lust und Methode
Die preisgünstigen WBG-Studientitel

Das WBG-Programm umfasst rund 3000 Titel aus mehr als 20 Fachgebieten. Aus der Programmlinie Studium empfehlen wir besonders die Reihe:

GESCHICHTE KOMPAKT

Herausgegeben von KAI BRODERSEN, GABRIELE HAUG-MORITZ, MARTIN KINTZINGER und UWE PUSCHNER

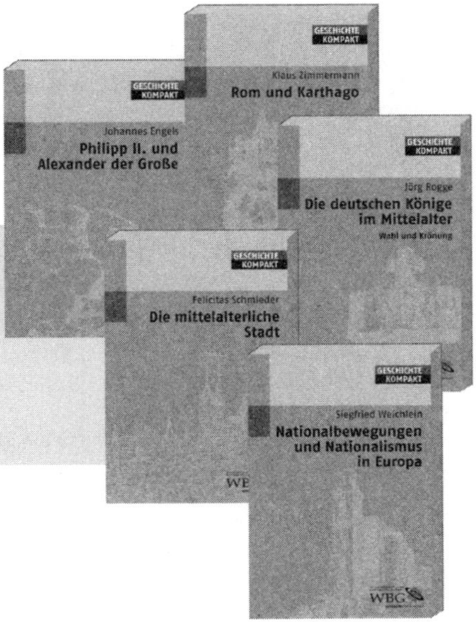

Basiswissen – klar, übersichtlich, präzise
- *Historisches Grundlagenwissen auf dem neuesten Forschungsstand*
- *Für Studierende, Lehrende und historisch Interessierte*
- *Klar, anschaulich und übersichtlich gegliedert*
- *Zeittafel zu Beginn jedes Kapitels*
- *Erläuterungen zu Begriffen, Personen und Ereignissen*
- *Kommentiertes Quellen- und Literaturverzeichnis*

Eine Auswahl der Bände der Reihe:

Titel	Autor	ISBN-Nr.
›Philipp II. und Alexander der Große‹	Johannes Engels	978-3-534-15590-3
›Rom und Karthago‹	Klaus Zimmermann	978-3-534-15496-8
›Die deutschen Könige im Mittelalter – Wahl und Krönung‹	Jörg Rogge	978-3-534-15132-5
›Die mittelalterliche Stadt‹	Felicitas Schmieder	978-3-534-15134-9
›Habsburgs europäische Herrschaft. Von Karl V. bis zum Ende des 16. Jahrhunderts‹	Esther-Beate Körber	978-3-534-15124-0
›Nationalbewegungen und Nationalismus in Europa‹	Siegfried Weichlein	978-3-534-15484-5
›Die nationalsozialistische Herrschaft 1933–1939‹	Magnus Brechtken	978-3-534-15157-8

WISSENSCHAFTLICHE BUCHGESELLSCHAFT

WBG

WISSENVERBINDET

Weitere Informationen zum WBG-Programm:

💻 **www.wbg-darmstadt.de**

📞 (0 61 51) 33 08 - 330 (Mo.–Fr. 8–18 Uhr)

📠 (0 61 51) 33 08 - 277

✉ service@wbg-darmstadt.de